彼女たちの山

平成の時代、女性はどう山を登ったか

柏 澄子

山と溪谷社

目次

はじめに 004

1章
平成を登った5人の女性たち

山野井妙子 009
田部井淳子 037
谷口けい 067
野口啓代 089
遠藤由加 113

装幀 朝倉久美子
カバーイラスト 柿崎サラ
校正 與那嶺桂子
編集 大武美緒子、神谷浩之(山と溪谷社)

2章

テーマで見る女性登山者

山ガール　139
山小屋の女性たち　163
山岳ガイド　181
大学山岳部　199
スポーツクライミング　221
アルパインクライミング　237

おわりに　252
平成元年〜令和3年
女性に関する登山界の主な出来事　254

はじめに

「平成期の日本人女性の登山について書いてみませんか」。編集部から誘いがあったのは、平成が幕を閉じて間もないころだった。

平成期以前の歴史については、坂倉登喜子《さかくらときこ》さんと梅野淑子《うめのとしこ》さんが『日本女性登山史』（大月書店）を平成4（1992）年にまとめている。

坂倉登喜子さんは、昭和30（1955）年に女性のための山岳会「エーデルワイスクラブ」を創立した登山家だ。南米、ヨーロッパ、ヒマラヤなど海外の高峰に赴くだけでなく、後進の女性登山者の指導にもあたった。梅野淑子さんは、『初期女性登山 信仰登山と学校登山の始まり 比較――男子校の登山・戦後の学校登山』（暮しの手帖社編）という書籍も著わしている。けれど、平成期の日本人女性の登山について書かれた書物はなかった。

私自身は昭和50年代、子どものころに初めて山に登り、昭和終盤に高校と大学で山岳部に入り、登山を覚えた。平成の31年間は行く先や頻度、スタイルは都度変化してきたが、生活のなかにずっと登山があった。その間、登山者を取り巻く環境は変わり、山ガールブームなど登山には新たなうねりもあった。一方で、ずっと変わらない登山の姿もある。忘れられない登山家もいる。そんなことを書いてみようと思った。

平成は、男女雇用機会均等法改正、男女共同参画社会基本法、育児・介護休業法が施行され、後期になってからはＳＤＧｓが提唱された。社会が変わるとともに、各人が変容することも求められた時代だったように思う。

昭和と比べると、登山の間口が広がり、登山に親しむ機会が増えた。女性が妊娠、出産、子育てなど人生のステージを経て、心身共にダイナミックな変化をするなかで、登山を継続していくための選択の幅が広がった。

本書の1章では、抜きんでた足跡を残した5人を取り上げた。しかしけっして彼女たちを別世界の人間だと思わないでほしい。登山を続けるなかで一人一人に喜びと苦悩があり、それは山に登るみなと分かち合えるものだからだ。

2章はテーマ別の切り口で、平成期の女性の登山について書いた。山岳ガイドや山小屋で働く女性たちなど、職業として登山に関わる女性たちも登場する。家業を継ぐケースだけでなく、自分自身の手で選び取った職業として、山を舞台にした女性も大勢いる。これも昭和以前なら、いまより困難だったはずだ。

ぜひ彼女たちの足取りを読み、それをご自身の心のなかに取り込んでほしい。あなたのすぐ隣に、こんなにも山が好きで山に登っている山の仲間がいることを知ってもらえたらうれしい。

本書は、月刊誌『山と溪谷』2020年4月号から2020年12月号まで連載した内容に、再取材のうえ、大幅に加筆・修正を加えまとめたものです。

*海外の山の国名については、登頂したルートの国名を示しています。アメリカ合衆国は、アラスカ、グアムなど一部エリア名としています。

1章

平成を登った5人の女性たち

平成の時代、世界を舞台に活躍した女性クライマーがいる。
山を愛し、登ることにこだわり続けた5人。
彼女たちの人生に山がもたらしたものとは。

山野井妙子

世界レベルに到達したアルパインクライマー。
昭和の時代にヨーロッパ・アルプスを登り
平成には、ヒマラヤへと目を向けた。
心の赴くままに登り続け、丁寧な暮らしぶりは自然体。
いまとこの先だけを見つめる。山と自分、その対峙だけ。

カナダ・バカブーの岩場で（写真＝山野井泰史）

やまのい・たえこ　昭和31（1956）年、滋賀県生まれ。21歳で東京北稜山岳会入会。昭和56（81）年、グランドジョラス北壁登攀（女性ペア）。翌年、冬季グランドジョラス（女性初）プトレイ大岩稜ボナッティ・ゴピルート冬季第2登と、昭和期から突出した記録を残す。平成期はヒマラヤへ。

山でめっぽう強く生活力のある人

旧姓を長尾という。いまの姓は山野井妙子。長尾の時代も山野井の時代も、とびぬけた登攀を繰り返してきた。おかっぱの髪型に赤く染まった頬、飾らぬ人柄と自然体であることは、彼女が登山界で頭角を現わした20代初めのころから還暦を越えた現在まで、まったく変わらない。ともかく山でめっぽう強い人、家事に長《た》けていて生活力がある人というのは、周囲の人たちがもつ共通の印象だろう。

妙子は、昭和31（1956）年、滋賀県にある琵琶湖の畔で生まれた。冬になると凍てついた琵琶湖の湖面を北西風がなめ、吹き付ける土地。ここを訪れたとき、この乾いた冷たい風が妙子の辛抱強い性質をつくり上げたのではないか、と思ったほどだ。

両親と祖母、弟の家族。どちらかというと保守的であり、女性が東京の大学に行くことに積極的ではなかったし、ましてや娘が山に登るようになるとは、家族の間ではなかなか理解されなかったようだ。しかも、山に登るといっても、夏休みにハイキングに行くようなものではなく、日本の厳しい登攀からやがて、ヨーロッパ、ヒマラヤへと通うようになり、世界を見渡してもトップレベルの登攀を繰り返す。また、夫の山野井泰史《やすし》は令和3

（2021）年に世界的な山岳賞であるピオレドール生涯功労賞を受賞した登山家であるのだから、両親もさぞ驚きの連続だっただろう。

妙子は大学入学を機に上京し、一人暮らしを始めた。大学山岳部に入ることも考えたが、物理学科の授業はとても厳しく両立はできないと思った。けれど大学2年生になると、学生生活にも慣れ時間がとれるようになったため、社会人山岳会である東京北稜山岳会に入った。週末には必ず山に行った。午前中の授業がないときは、神奈川県横須賀市にある鷹取山《たかとり》や埼玉県の日和田山《ひわだ》へ行き、岩のたもとで寝て、翌朝から登っていた。早く岩登りがうまくなりたい一心だった。岩登りは、山岳会に入ってたちまち好きになった。最初に岩を触ったときの感触が忘れられず、岩登りがものすごく楽しいと思ったのだ。

ヨーロッパ・アルプスからヒマラヤへとシフト

平成の幕開け。当時、長尾姓だった妙子は、登攀対象をヨーロッパからヒマラヤへと移したころだった。昭和63（88）年春、昭和の終盤、妙子は北アルプスの鹿島槍《かしまやり》ヶ岳で大滑落をする。ほかのパーティに担がれたあとヘリコプターで下山。腰椎圧迫骨折で3カ月間入院した。けれど、その年の暮れにはアコンカグア（アルゼンチン）へ向かった。八木原《やぎはら》圀明《くにあき》（元日本山岳・スポーツクライミング協会会長）が隊長を務めた公募隊であり、妙子は八木原をサポートし、参加者を引率する役割だった。

「ケガからのリハビリに、ちょうどよかったんだよね」と、あっさり言う。

平成2（90）年には、ナンガパルバット（パキスタン）ディアミール壁へ。妙子にとっては2度目のナンガパルバットだった。前回は昭和60（85）年、遠藤晴行が隊長。当時、遠藤も妙子も、原真《はらまこと》が率いる「高山研究所」にいた。遠藤は昭和58（83）年に酸素ボンベを使わずにエベレスト（ネパール）に登頂したのを皮切りに、8000m峰4座をはじめとした高峰の登頂に成功した登山家である。エベレストの無酸素登頂の歴史は、昭和53（78）年のラインホルト・メスナーから始まる。遠藤の無酸素登頂はメスナーから遅れること5年ではあるが、日本人では初めてであり、世界では10人目だった。多くの日本のヒマラヤニストが酸素ボンベを使うことを前提としていた時代に、画期的な一歩であった。

遠藤は現在、国際山岳ガイドとして国内外の山をガイドしている。彼が本格的にガイドに軸足を移し活動を始めたのが、ちょうど平成に入ったころだった。

原真は、医師であり登山家。平成21（09）年に病死（享年72）。原は、日本における高所医学のパイオニアであり、当時、愛知県名古屋市に高山研究所を設立し運営していた。低圧・低酸素が人体にどんな影響を与えるのか、また低圧・低酸素で人間はどこまで活動できるのか研究していた。研究対象は遠藤や妙子のような登山家だけでなく、ヒマラヤトレッキングをするハイカーたちも含まれていた。いまでこそ、国内にある低酸素室でコンディショニングしてからヒマラヤの高地に向かうことは珍しくはないが、当時のヒマラヤ登山は、現地で高所順応をするのがメジャーであった。そのなかで原は、出発前に日本で低圧・低酸素室に入りトレーニングをし低圧・低酸素に順応した体をつくり上げ、ヒマラヤをいかに短期間で登れるかに主眼を置いていた。妙子は「山に登れとは言わず、むしろ低圧・低酸素室でのトレーニングを主としろ、と原さんは言っていた」と、当時を振り返る。

さて、昭和60（85）年に話を戻すと、このときのナンガパルパットには、遠藤も妙子も登頂できなかった。翌年妙子はエベレストへ向かうが、8000m弱の地点で下山。その後エベレストに戻ることはなかったが、ナンガパルパットにはもう一度登りたいと思っていた。そこで、平成2（90）年に自らメンバーを集め、隊長となって再訪したのだ。しかし妙子は、足が凍傷になりかけて強い痛みもあり、このときも山頂を諦めた。

山は生身の体をもって向かうところ

平成3（91）年は、ブロードピーク（パキスタン）から始まった。このとき、のちに結婚する山野井泰史と出会う。当時妙子は、8000m峰の登山を繰り返していたが、特に8000m峰のコレクターになりたかったわけではなく、「8000m峰を無酸素で登ることが楽しかったんだろうね」と言う。妙子の自然体なところだ。

酸素ボンベを使うことはまったく頭にない。それは、高山研究所が大きく影響していた。登山はフェアでなければならない、これは原の教えでもあった。妙子にとって山は、自分自身の生身の体をもって向かうところである。だから、酸素ボンベは使わない。このときは、泰史と一緒にブロードピークの山頂に立った。

「うれしかったね。ナンガパルバット、エベレストと続けて登れなくて、私にとって初めての8000m峰だったから」

続けて同年、ベルニナ山岳会隊に参加し、マカルー（ネパール）へ向かった。石坂工《たくみ》とともに登頂後、パートナーの石坂を喪《うしな》うことになる。

登頂後の石坂はかなり疲労し、妙子が励ましながら彼を導いていた。8463mの山頂から、500m弱ほど標高を下げたあたりで、懸垂下降をする箇所があった。石坂に先に降りてもらったが、途中で力尽きたのか動けなくなった。もう一度登り返してもらい、妙子がいる地点でビバークするしかないと、妙子は判断する。下方にいる石坂に声をかけながら、二人が入ることができるサイズの小さな雪洞を掘った。けれど、石坂が再び妙子のところに上がってくることはなかった。妙子は一人、雪洞で夜を越し、明るくなるまで待って、彼の元まで下降した。石坂がぶら下がったままのロープは、石坂の体重がかかってピンと張られていて、降りるのに一苦労した。妙子が石坂のところにたどり着いたとき、すでに石坂の体はカチコチに凍っていた。このことを、妙子は淡々と語る。

その後、妙子は一人で延々と降り続け、ファイナルキャンプの少し下の8000m弱の地点で迎えの仲間たちと出会い、もう1泊した。

8000mというとてつもない標高で、小さな雪洞に辛うじて体を入れてビバークをし、一人降りてきた妙子に向かって、隊長は「酸素ボンベを使ってくれ」と差し出した。彼にとっては至極当然であり、また妙子を救う方法でもあると考えたのだろう。

しかし妙子はそれを拒んだ。「せっかく無酸素で登ってきたのに」と。仲間を失った無念さはある。それはこんにちまで石坂の墓参りを欠かさない彼女を見れば充分に伝わる。けれどいつだって自分の登山に向き合う気持ちは途切れない。ここで酸素ボンベを使うか否かは、妙子にとっては重要な問題だったのだ。結局、みなと一緒に泊まったテント内で睡眠時に、マスクを使わずに酸素ボンベを開けた。最終的にはベースキャンプからヘリコプターでカトマンズの病院に搬送された。さぞ悔しかっただろう。

帰国後、手足18本の指を、ほぼ第一関節から失うが、本人は悲観的でもなかった。「山の仲間たちが次々に見舞いに来ては、大丈夫だよと凍傷で切断した自分たちの指を見せたんだよね」「泰史も由加ちゃん（遠藤由加：P113）も、早く治せ、一緒に山に行こうって、病室に顔を出すたびに言っていた」と。クライマーがもつ凍傷への感覚は、この時代ゆえであり、装備の発達や凍傷後の治療技術の進歩なども相まって、近年は凍傷による切断事例は少なくなってきた。凍傷で指を切断すれば明らかにクライミングに不利であるし、いまのクライマーが妙子を見舞った仲間たちと同じ感覚とは思えないが、当時のシリアスなクライマーたちの間では、自然な会話だったのだろう。

妙子はマカルーのベースキャンプでのことを、こんなふうにも語る。

「ロレタンとトロワイエが西稜をたどるのを、ベースキャンプから双眼鏡で眺めていた。すごいスピードだった。気づいたら夜が明けて、二人はずっと上にいた。そのときはただすごいなって思っていたけれど、きっと私も、あんなふうに軽快に登りたいと思っていたんだろうね」。エアハルト・ロレタンとジャン・トロワイエはスイスの登山家。昭和61（86）年、エベレスト北壁ジャパニーズクーロワールをアルパインスタイルで登り、登頂後、下山まで43時間という驚異的な記録を打ち立てたのをはじめとし、ヒマラヤでのスピードの速い登攀の実績が多数ある。おそらくマカルーで、二人の足取りは軽かったのだろう。このとき二人はマカルー西稜の第6登を成し遂げている。ロレタンは平成23（11）年、地元スイスでガイド中に事故に遭い死亡した。

妙子はほとんど他者に影響を受けない性質だ。ほかの人がなにをしようが関心がない。SNSが広まって、他人がどこでなにをしているのか容易にわかるようになったいまでも変わらない。むろんSNSを見ることもなければ、「いいね」の承認欲求もまったくない。自分のやりたいことに集中する。ほかの人ががんばっているのを見てすごいなと思っても、それをまねようとは思わない。

「自分のやりたいことに対して、客観的に見てなにが必要か、どんな努力をしたらよいか考え集中する」と妙子は言う。そんな彼女が、ロレタンとトロワイエの残像があるのだから、彼らのような登攀は、妙子にとって特別だったのかもしれない。

一方そのころ泰史は、富士山頂にある「富士山測候所」への荷上げのアルバイトをしていた。荷上げの最中に落石にあい、左すねを骨折し病院に入った。当時、入院中の泰史が、松葉杖をついて妙子の病院に見舞いに行く姿を、多くの仲間たちが見ていた。かたや凍傷で手足の指を失い、包帯がぐるぐると巻かれた姿。かたや骨折で松葉杖。そんな二人が仲を深め、その姿のまま、二人で暮らす家を探しに奥多摩へ行く。傍から見たら痛々しいかもしれないが、互いの登山を語り、その形や感覚を共有できたのだから、幸せなことこの上ない。二人は同じころに退院し、共に奥多摩で暮らすようになった。

妙子の金字塔、チョ・オユー南西壁へ

翌平成4（92）年には、泰史のメラピーク（ネパール）西壁単独登攀に付き合い、ベースキャンプへ。ノーマルルートからの高所順応では泰史と一緒に登頂した。

平成6（94）年は、彼女の金字塔ともいえるチョ・オユー（中国チベット自治区）南西壁へ遠藤由加と向かった。これは泰史の立案だった。妙子は自分で登山を計画することはあまりない。特に泰史と一緒になってからは彼任せ。かといって主体性がないわけではない。泰史の計画にひょいっと乗る能力がとても高い。泰史も「僕は現場で起こりうるあらゆる場面を想像して計画するけれど、妙子の想像はそこまでではない。けれどその分現場では、妙子のほうがフレッシュに純粋に山に立ち向かっている、と思うことがある。僕は自分で立てた計画をなぞっているだけなのかもしれない。案外、妙子のほうが山を楽しんでいるように見える」と言う。

チョ・オユーもそうだった。泰史は南西壁からソロで新しいラインを引きたかった。みなが楽しめるようにと、妙子と遠藤にスイス・ポーランドルートを提案した。チョ・オユー南西壁の初登攀ルートであり、平成2（90）年に、ポーランドの登山家でありヒマラヤ

でアルパインスタイルを実践する先駆者の一人ヴォイテク・クルティカと、前述のジャン・トロワイエ、エアハルト・ロレタンが、2日で登ったルートだ。マカルーで一晩中双眼鏡をのぞき込み、姿を追ったトロワイエとロレタン、そしてのちに、妙子も泰史も何度も一緒に登ることになるクルティカの三人のルートだった。

けれど、気負いはどれほどだっただろう。妙子はここでも自然体だった。むろん、国内で入念な準備を繰り返した。泰史、遠藤と三人で、あるいは遠藤と二人で、厳冬の北アルプス穂高《ほたか》連峰の「パチンコ」、同じく北アルプス後立山《うしろたてやま》連峰での登攀、八《やつ》ヶ岳のルートは短いから1日に何本も継続した。

これら日本国内のルートはいずれも、ヒマラヤに比すると圧倒的に標高差が小さく、距離も短いため、継続して何本も登ることによって、登攀し続ける力をつけるものだった。穂高連峰のパチンコというのは、その最たるもの。厳密な定義はないが、積雪期に明神《みょうじん》岳や屏風《びょうぶ》岩をスタートし、前穂高岳北尾根から奥穂高岳、北穂高岳、槍《やり》ヶ岳へと縦走するなかで、前穂高岳東壁や滝谷《たきだに》などで登攀を繰り返す行為を指す。パチンコ玉のようにあちこちにあたりながら（登攀をしながら）ジグザグに進んでいく。これが名の由来だ。

妙子や遠藤は、「パチンコの完成形は、槍ヶ岳から北鎌《きたかま》尾根を下山することだね」と語っていた。どれほどの登攀を組み入れるか、どこで下山するかはそのときの天候にもよるだろうが、クライマーの実力次第でもある。

ところで、チョ・オユーでの様子について、妙子はあっけらかんと話す。

「私たち、壁の最初の部分でルートを間違えるんだよね。ちょっと離れた位置で登り始めた泰史に向かって、どっちー？って叫んだよ」

「コーディネーターは僕だからね」と泰史は笑う。

妙子は女性同士で登りたいというよりも、遠藤と登りたかったのだろう。その思いは遠藤も同じであり、「妙子以外と登ることは考えにくかった」と語っている。妙子が言うには、二人の性格は正反対。

「由加ちゃんは泰史とだいたい同じ。根性がある。私には根性がない。二人はいつもギャーギャー騒ぐけれど、私には喜怒哀楽がなく、一定。私は怖がらずに進んでいくけれど、二人は慎重。それも私にとってはいい点」。山を始めた当初から、妙子は山を怖がらなかった。だから突っ込んでしまう。経験を積み、危険を理論的に覚え慎重に行動できるようになった。妙子と遠藤は性格も性質も違う、いい組み合わせだった。

二人いちどきに死ぬ必要はない、とロープを結ばずに登るセクションもあった。互いを信頼しながら登る。壁を抜けてから山頂への道のりは、標高や疲労も相まって遠かった。深いラッセルを繰り返した。前半の遠藤は体調が思わしくなく、先頭に立つのは妙子であることが多かった。ある時点で、このまま自分だけが先頭に立って登っていると、いずれ限界がくるかもしれない、降りたほうがよいだろうかと遠藤にもちかけた。しかしそれ以降、遠藤にも力が湧いてきて、交代で先頭に立つようになった。歴史的と評価される登攀だが、妙子はどこ吹く風。

「泰史が選んだルートは私好みだった。傾斜60度ぐらいの氷雪壁が好き。アックスとアイゼンが決まって、気持ちよかった」

泰史は1泊2日でベースキャンプに戻ったが、二人は3泊4日かかった。「相当どんくさかったね」と妙子は言うが、女性ペアで8000m峰のバリエーションルートを登った記録は、いまだない。泰史はベースキャンプに戻るなり、日本大学のテントに文字どおり転がり込み、ご飯を食べさせてもらう。自分でつくる気力が残っていなかった。その後は、双眼鏡で二人の動きを見ては、「遅いなあ」と思っていた。

「飯のつくり方もよくわからなかったし、お腹がすくので、早く降りてこないかなあと思っていた」と泰史。まるで奥多摩の自宅での日常生活と同じではないか。妙子が留守だと自分で飯を作ることもなく、泰史は妙子がつくりおいたものを食べる。

一方、妙子たちは下山は遅かったが、ベースキャンプに着くなり水汲みに行き、機敏に自分たちで食事をつくった。力を出し切って、他チームのテントに転がり込んだ泰史とは異なる。まるで普段の生活に戻ったかのように、ベースキャンプでの生活を始めた。登山中に力を出し惜しんだわけではない。炊事、生活を前に全力を出し切るすべを知らないのかもしれない。妙子は、その手前にリミッターをもっているのだろう。

登攀だけではなくヒマラヤを楽しむ二人

妙子は、それからも躍進した。ヨセミテ（アメリカ）、レディースフィンガー（パキスタン）南西壁初登頂、ペルーアンデスなど。平成10（98）年、42歳で登ったクスムカングル（ネパール）南東壁は、前年にガウリシャンカール（ネパール）のベースキャンプまで来た井上智司《さとし》を誘って完登。同年のマナスル（ネパール）北西壁や平成12（00）年のK2（パキスタン）こそ登頂できずにいるが、ほかの成果は大きい。

平成13（01）年のビャヒラヒタワー（パキスタン）南稜の新ルート名は「ジャパニーズ・ポーリッシュピクニック」。ヴォイテク・クルティカが名づけた。「われわれ三人にはやさしすぎた。ピクニックみたいだったね」と彼は言っている。当初泰史とクルティカがめざしていたラトックI峰（パキスタン）北壁が登れず、ベースキャンプにいた妙子も交えて登った岩峰だった。

厳しい登攀に挑むだけでなく、そんな遊び心がクルティカ同様、妙子たちにもある。時期は前後するが平成9（97）年のガウリシャンカールを振り返りながら、ベースキャンプで放牧をしていたチベット人の男の子の話で盛り上がった。もっとも、山の状態がよくはなく、ほとんど登れず、ベースキャンプで過ごす時間が長かったからでもあるのだが。少年とは言葉が通じず、身振り手振りで交流が深まった。ゴミ袋に詰めてあったラーメンの袋などプラスチックの袋を欲しがるのでその少年にあげた。すると、「テントの外に出しておいたテルモスを持っていったなあと思っていたら、バター茶が入って返ってきた」と妙子。少年のお礼の気持ちだったようだ。紅茶にミルクとバター、塩を入れ攪拌したお茶を、チベット人は毎日飲む。その味は、日本人にはなじみのないものであるが、旅慣れている妙子にとっては慣れ親しんだもの。

「でもテルモスに、すっかり匂いがついちゃって（笑）」。下山の日には、テルモスにヤクのミルクを入れてきてくれた。ザックに入れて下っていくと、麓の村に着くころには、攪拌されてバターができあがっていたそうだ。

平成7（95）年、ネパールのエベレスト街道にあるチュクン村からマカルーへと抜けるグレートヒマラヤトレイル（の一部）をたどったときのことを話す妙子も楽しそうだ。雪壁や岩稜もあるハードなトレッキングルート。泰史と二人、ビスケットとツァンパ（裸麦を炒って粉にしたもの。チベット人の主食）だけしか持っていなく、お腹がすいてならなかったと。「あれは楽しかったな」と泰史も微笑む。地域の人々の暮らしにとけこみ、山麓を巡りながらヒマラヤを仰いでの旅も、妙子と泰史は厳しい登攀同様に楽しんでいた。

壮絶なギャチュンカン。生還後、2度目の復帰

平成14（02）年のギャチュンカン（中国チベット自治区）北壁は、下降が壮絶だった。足を置くスペースもなく宙ぶらりんなままのオープンビバークの夜、泰史はこう思っていた。「俺たち、相当やばいんだろうな」。5本打ったハーケンはどれも利きが甘く、チリ雪崩で飛びそうになる。2日かけても500mしか降りることができなかった。泰史が先行して下降、妙子が上から確保した。中間支点は取れないので、妙子はロープ1ピッチ分まるまる確保なしで降りた。けれど、持ち前の安定感で確実に降りてきたと泰史は言う。ルートファインディングをして、ハーケンを打って支点をつくるのは泰史のほうが得意だから、役割分担をしたともいえる。

氷河に降り立ってからも大変だった。「もっと歩けると思っていたのに」と妙子はぽつりと言う。とうとう二人は荷物を捨てた。妙子は全部の荷物を捨てようとする泰史を押し

とどめ、アルファ米1袋だけをポケットに入れて歩きはじめる。氷河上でのビバーク時、最後に片方だけ残っていた妙子の手袋が、岩と岩の隙間に落ちた。泰史はなんとか拾わなければと、寒さや疲労で全身を震わせながら隙間に手を伸ばす。

「僕は妙子に対しては、いつもよりプラスアルファがんばる。それは、妻だからかもしれない。けれど、そんなに相手のことを深刻には考えていない。妙子だったらほっといても限界まで生きようとするだろう。そう、信頼している。限界までがんばって死んじゃうのだったらそれは仕方ない。それまでだ」

泰史は当時をこう振り返る。10歩進んでは休む状態だった妙子が、氷が張った水の流れを見つけたとき、石を持ち上げてかち割り始めた。そんな元気は、泰史にすら残っていなかったのに、妙子はそのときばかりは力が出た。ここが妙子の強いところだ。底知れぬ強さをもっている。水を飲み、アルファ米の袋に水を入れ、胸のポケットに収めた。

その姿を見て、「ああ、アルファ米を捨てずに持ってきてよかった、早く食べたい」と泰史は思った。けれど、妙子の体温はあまりにも低下していたのだろう。ご飯はできあがらなかった。じゃりじゃりのまま泰史は二口ほど食べた。妙子は胃が受け付けなかった。凍傷を負った手足の指は、黒くなり完全に炭化していた。

その後も生きるか死ぬかの境界線をさまよいながらベースキャンプに向かって歩き続け

右上／妙子の自宅居間には、泰史との写真が飾られていた　左上／庭の畑で育てた野菜が毎日の食卓にのぼる。妙子の丁寧な暮らしぶりがうかがえる住処（写真上2点＝筆者）
下／ギャチュンカン北壁。当初泰史が北東壁単独をねらっていたが断念。二人で北壁に転進。自分も登れるのを妙子は喜んだが、体調不良のため頂上直下で戻り、泰史が単独登頂（提供＝本人）

た。ベースキャンプに到着したのは、泰史が先だった。泰史はキッチンボーイに、「妙子を迎えに行ってくれ」と告げた。二人がどれほど消耗し、生死をさまよったか筆舌に尽くしがたいが、ネパールに戻るときのエピソードもすさまじい。

ベースキャンプで体を温めてもらい、食べ物はまったく受け付けなかったけれど、水分を補給し、ランドクルーザーに乗り込んで、陸路をネパールへと南下した。国境に流れる川にはコダリとダムを結ぶ友好橋という大きな橋が架かっている。橋の両側のたもとにイミグレーションオフィスがあり、中国チベット自治区からの出国とネパールへの入国手続きをするのだ。手続き自体はスタッフに任せるとしても、国境である橋は車から降りて歩いて渡らなければならない。そのとき、泰史も妙子も歩くことすらできなかった。凍傷で足が痛いだけでなく、立ち上がって歩く体力が残っていなかった。当時は比較的、人の往来が多い国境であった（平成27年のネパール地震以来閉鎖）。ネパール人やチベット人、中国人が歩いて行き交うなか、200mほどだろうか、這って橋を渡った。

生きるため、また登るためのリハビリ

帰国後、泰史も妙子も指を切断することになる。妙子については、わずかに残っていた

両手の指をほとんど失った。それでも二人を病室に見舞ったとき、ことのほか元気だったのを覚えている。どん底は脱した。あとは前に進むしかない。そういう思いだったのだろう。泰史は歩行にも苦労していたが、妙子は足の凍傷は軽症で難なく歩けたので、入院中も階段の上り下りやベッドの上での腹筋背筋運動に精を出した。

退院後はすぐに家事に取りかかり、包丁を握ろうと試みた。その一途な姿に、私は胸が熱くなるときがあった。「私がつくるよ」と台所に立っても、妙子は無言で包丁を握る。野菜を切ろうとするのだけれど、うまくいかず包丁を床に落とすこともあった。脇にいた私も妙子も、床に落ちる包丁を避けるために、さっと身を引く。いまとなっては笑い話だが、すさまじい。泰史は部屋の鴨居にぶら下がろうとしたり、畳に座りながらアックスを握ったりして、回復を試みていた。妙子は泰史のようなリハビリはあまりしないのだけれど、ともかく家事のあれこれを、ちゃんとやろうとした。それが、彼女の生きるための、そして登るためのリハビリになったのだと思う。

「ちゃんと料理をしたいから。箸でご飯を食べたいから箸も使った。箸でないと、おいしくないでしょう。料理や食事は割と簡単にできるようになったけれど、なかなかできなかったのは靴紐を結ぶこと。時間はいっぱいあるからあせる必要はないと思った。ちゃんと結べたときは、やったって思った」

返す言葉が見つからない。ただただ、すごい人だと思う。立派に生きている人、生活人。だから、山でも強いのだろうか。

妙子たちはハイキングから始め、岩に戻っていく。最初はトップロープ。1年足らずで5・11が登れるようになる。むろんロープやカラビナも使う。クラックにセットしてビレイ点として使用するクライミングギアであるカムを扱うのは、いっそうの困難を伴った。岩にセットされたものを回収することはできる。けれど、セットするのは難しかった。バネを引く部分が遠くにあり、指が届かないからだ。

「ここになにかをつけなければいけない」と言いながら、押し入れにしまってあったパラグライダーを出してきた。妙子がヨーロッパに頻繁に通っていたころに覚えたもので、後立山連峰やヨーロッパ・アルプスを登っては、山頂からパラグライダーを使って飛行していた。パラグライダーにあるライン（ロープ）は、細いながらも当然、強度がある。これが使えるのではないか、というのが妙子の考え。昔使っていた道具を大切に押し入れにしまっておき、なにかのときにこうやって取り出すあたりが、妙子らしい。早速つけてみたが、ラインだと張りがなく、結局、妙子の指は届かなかった。針金にしようという結論に至り、針金をつけた。けれど、妙子のカムだけにつけても意味がない。「柏さんのカムにもつけていい？」と。合計何個のカムに針金をつけたのか。細かな作業にいそしんだ記憶がある。

ほとんど指がない手になり、それでもホールドをつかみ、クライミングギアも操り岩に登る。もちろん、ビレイもする。「この手で岩登りに復帰していくのだから、妙子は気持ちが強いだけでなく身体能力も高い」と泰史は言う。

岩に戻る以上に、氷雪壁に戻るには時間がかかった。それでも、平成16（04）年3月には、泰史が所属する日本登攀クラブの友人、宇都宮寛史《ひろし》にリードされ、谷川岳4ルンゼ本谷を登る。アックスを握りやすいようにと、旧知の仲であるミゾー（登山用具メーカー）の溝渕《みぞぶち》三郎が、シャフト部分を細く細工してくれたのが活きた。妙子の強さを、泰史はこう話す。「妙子の好きな60度ぐらいの氷雪壁だったら、普通のアルパインクライマーよりも断然早い」

時期は前後するが、ギャチュンカン遭難の翌年の平成15（03）年から2年間、山野井夫妻と私で四川《しせん》省への旅が続いた。初年は、四川省北部のダオチェン周辺のトレッキング。山を見ながら5000m近い峠を越え、空気の薄い土地でボルダリングをした。泰史は足の凍傷の傷が癒えておらず苦しんでいたが、妙子の傷はほとんど回復していた。旅の終盤、泰史がグリベルのカタログで見て心に残っているという岩峰を探すべく、スークーニャンのある山域へ向かった。四川省の友人の手助けもあって、みごとその岩峰であるポタラ峰を見つけることができた。一方で妙子は、隣の岩壁に目をつけていた。

翌平成16（04）年、チョ・オユー以来の遠藤由加も加わって再訪するが、天候に恵まれず完登はならなかった。平成17（05）年は泰史のポタラ峰のベースキャンプを守るために、妙子も再訪した。

いまを見つめ、この先に向かう

こんなふうに、いっとき私は、山野井夫妻とかなり密に行動を共にしていた。毎週のように国内の岩場や山に行ったり、四川省に行ったり。一緒に山に登り旅をして、料理をして飯を食うなかで、ときどき妙子が手足の指がなく不便をしているのを忘れそうになる。ほとんど意識していない。けれど、ふとしたときに思い起こすのだ。たとえば、かりんとうが入っているような袋を、開けることができない。ビレイ点でザックを開けて必要なものを取り出そうとしたときに、手の感覚が鈍いために触っただけではどんな荷物かわからず、目視しないといけない。けれど私は妙子の身体的なことは妙子の特徴の一つであると思っていた。自然とそう思った。人それぞれに身体的あるいは精神的な特徴があるように、妙子のそれも、彼女がもつあまたある特徴のうちの一つなのだと。

その後、平成19（07）年、泰史と、登山家であり山岳書の編集や執筆を生業としていた大内尚樹と三人で、群馬県にある一本岩という岩が非常にもろくユニークな姿の岩峰を初登攀した。年譜に詳しいが、海外の記録は活発だ。特筆すべきは、平成19（07）年のグリーンランド・オルカ初登攀。泰史と旧知の仲の登山家であり山岳ガイドの木本哲《さとし》と3人。平成20（08）年はキルギスでのビッグウォールなど。ほかにも、北米やイタリアでのフリークライミング。

近年は体調不良と肩の痛みであまり登らなくなった。「登りたいから、健康状態をよくしたいと思っている」と言う。それが、いまの望みだと。そして、令和2（20）年、平成の間住み慣れた奥多摩を後にし、静岡県伊東市に引っ越した。奥多摩のときよりも畑の規模が大きくなり、庭にはたくさんの柑橘類の木が植えられている。「めざすは完全自給自足」と、いままで以上に畑仕事にいそしんでいる。

妙子は、過去にまったく執着がない。過去の出来事はどんどん忘れ、まったく引きずらない。登った山をあまり覚えていない。今回のインタビューでも、7時間以上録音しているが、「えっと、うーん、覚えていない」というセリフが繰り返されたり、「パスポートを見ればわかる」と言って、過去のパスポートの束を出してきたりする時間も含まれているので、いったいインタビューの正味がどれほどかはわからない。

必要以上に、なにかに心を揺さぶられることもない。小さな出来事にうれしそうな笑顔を見せるが、激しく怒ったり、極端に悲しんだりしない。気持ちが安定しているのだ。けっして冷たいとか他者を思いやらないわけではない。あるとき、彼女の家に着き車を降りるなり、妙子が家から飛び出てきた。普段だったら台所仕事でもしながら家の中で待っているだろうに不思議に思うと、開口一番、「検査結果はどうだったの？」と私に尋ねた。病院から、私が受けたある検査結果が出ることを知っていたからだ。友人を心配する気持ちが、じかに伝わってきた。妙子は心が温かく、細やかな気持ちをもった人である。

今回のインタビューで思わず尋ねてしまった。「別れは悲しくないの？」と。妙子がなにかに心を乱す姿を見たことがなかったからだ。

「親を亡くしたときは泣いたよ。でも泣いても生き返らない。それをただ受け入れるだけ」と答えた。ギャチュンカンで指を失ったとき、「自分が好きで登って失ったのだから、なにも言わない」と話したのをよく覚えている。

ありのままを受け入れ、いまを見つめ、この先に向かう。いまとこの先への集中力がすさまじい。だからこそ、九死に一生を得る場面が何度もあって、体に大きな代償を払っても登り続けてきたのだと思う。

これまでに妙子が続けてきた登攀の内容に、追従した日本人の女性はいない。遠藤と登ったチョ・オユー南西壁は、日本人のみならず世界の女性たちに目を向けても、貴重な記録だ。女性で8000m峰のバリエーションルートの登攀に成功したペアは、妙子と遠藤以外にいないうえに、男性に目を移しても、実践したクライマーは数えるほどしかいない。7000m峰については、男性とペアを組んで登った女性しか私は知らない。近年、アラスカのデナリ国立公園でアメリカ人女性のペアがバリエーションルートの登攀に成功しているが、それぐらいだ。妙子の登山は、周囲の人たちに大きな勇気を与えたことだろう。現在の日本では、アルパインクライマーと呼べる女性はごく少数だ。彼女たちにとっては、妙子は圧倒的な存在である。また、アルパインクライミングをしない女性たちにとっても、その丁寧な生活ぶりや登山への情熱は、憧れだ。

泰史は言う。「妙子はすぐに過去の登山のことを忘れてしまうが、蓄積された力がある。これだけ登っていたら、3回ぐらい死んでいてもおかしくない。そこを生き抜いてきたのは、運だけではない。妙子の実力だ」

山野井（長尾）妙子／平成期の主な海外登山

H1（1989）	32歳	アコンカグア（6960m、アルゼンチン）登頂
H2（1990）	34歳	ナンガパルバット（8126m、パキスタン）ディアミール壁
H3（1991）	35歳	ブロードピーク（8051m、パキスタン）無酸素登頂 マカルー（8463m、ネパール）登頂 マカルー登山中の凍傷で、鼻と手足の指18本をほぼ第一関節から失う。鼻は再建
H4（1992）	36歳	登山家・山野井泰史と奥多摩で暮らし始める メラピーク（6473m、ネパール）登頂
H5（1993）	37歳	ガッシャブルムII峰（8035m、パキスタン）登頂 ヨセミテ（アメリカ）エルキャピタン、ノーズ完登
H6（1994）	38歳	マッターホルン（4478m、スイス）北壁登頂 チョ・オユー（8201m、中国チベット自治区）南西壁スイス・ポーランドルート第2登、無酸素
H7（1995）	39歳	ヨセミテ（アメリカ）エルキャピタン、ロストインアメリカ、サラテ完登 レディースフィンガー（5965m、パキスタン）南西壁初登攀 パルチャモ（6187m、ネパール）登頂
H8（1996）	40歳	山野井泰史と結婚
H9（1997）	41歳	ピスコ（5750m、ペルー）南壁 ワンドイ東峰（5900m、ペルー）東壁登頂 ガウリシャンカール（7134m、ネパール）北東稜
H10（1998）	42歳	クスムカングル（6367m、ネパール）南東壁登頂 マナスル（8163m、ネパール）北西壁
H11（1999）	43歳	パユナラフ（5686m、ペルー）南壁登頂 アルテソンラフ（6028m、ペルー）南壁登頂 アルパマヨ（5947m、ペルー）南西壁登頂 ソスブン・ネームレスタワー（6000m、パキスタン） コンデ・リ東峰（6093m、ネパール）北東稜登頂
H12（2000）	44歳	K2（8611m、パキスタン）
H13（2001）	45歳	ビャヒラヒタワー（5900m、パキスタン）南稜ジャパニーズ・ポーリッシュピクニック（新ルート）登頂
H14（2002）	46歳	ギャチュンカン（7952m、中国チベット自治区）北壁 ギャチュンカン登山中の凍傷で、手足全部の指を失うが、生還を果たす。植村直己冒険賞受賞
H16（2004）	48歳	牛心山（4942m、中国四川省）南東稜（新ルート） ギャチュンカンBC、残置回収
H19（2007）	51歳	オルカ（グリーンランド）初登攀
H20（2008）	52歳	ハンテングリ（7010m、カザフスタン）登頂 ロシア正教100周年記念峰（4520m、キルギス）登頂 セントラルピラミッド（3850m、キルギス）
H24（2012）	56歳	バカブー・ハウザータワー（カナダ）登攀
H25（2013）	57歳	インディアンクリーク、ザイオン（アメリカ）フリークライミング
H27（2015）	59歳	ザイオン（アメリカ）フリークライミング
H30（2018）	62歳	オルコ（イタリア）フリークライミング

田部井淳子

世界七大陸最高峰に女性として初登頂後、
世界各国の最高峰を巡った平成。
エヴェレスト・ウィメンズ・サミット、HAT-J、森の女性会議、
山ガールブームを引き起こしながらのMJリンク。
いつも時代を牽引し、女性を山へといざなった。
最後まで山に関わり続け、登山の喜びを教えてくれた。

いつの時代も女性登山者のリーダーであった（提供＝一般社団法人田部井淳子基金）

たべい・じゅんこ　昭和14（1939）年、福島県生まれ。小学生のときに登った那須岳が原風景。大学卒業後、白嶺会、龍鳳登高会に入会して、登攀に傾倒。昭和50（75）年、女子登攀クラブ隊でエベレストに女性初登頂。平成28（2016）年、腹膜がんのため逝去。享年77。

その後の生き方

あるとき、思い切って尋ねてみた。

「その後の生き方が難しかったのではないでしょうか」

平成27（2015）年9月、ネパールの首都カトマンズで、「エベレスト女性初登頂40周年記念パーティー」が開催された。その折に、投宿先のホテルのラウンジにあるソファに彼女は足を伸ばして座り、私のインタビューに応えてくれた。田部井が亡くなる前年のこと。抗がん剤の副作用で足にはしびれがあった。それを、いつのころからか私たちの前では隠さなくなっていた。

このときの問いにある「その後の生き方」というのは、エベレスト登頂後のことを意味する。昭和50（1975）年、女性で初めてエベレストに登頂した田部井は、時の人となった。「私は一介の登山愛好家」と本人は言うが、職業欄に「主婦」と書き続けるのは許されなくなっていく。変わったのは本人ではない、周囲かもしれない。けれど、「女性初のエベレスト登頂者」のタイトルは重く、周囲の期待や見る目が変わり、タイトルから逃れることはできない。そのなかで、田部井はどうやって生きてきたのか。私たちに見せる姿は朗らかだけれど、それだけではなかったはずだ。重圧に苦しみ、孤独なときもあっただろう。「その後の生き方が難しかったのではないでしょうか」という問いは、いつか田部井に投げかけてみたいと思いながら、なかなか言い出せなかった。

このとき彼女は、「いつか吹っ切れるときが来るのよ」とあっさり話してくれた。思いどおりに生きているように見えても、思い悩んだ時期があった。そしていつしか、田部井は社会に応えるようになる。

女性初のエベレスト登頂というタイトルを背負い、世界中の登山家と交流し、そこで得た出会いや知恵を、私たちに授けてくれた。その姿は堂々として、自信に満ちあふれているように見える。その半面、「いつか吹っ切れるときが来るのよ」という言葉には翳《かげ》りがある。どれほどの葛藤があったのか。迷いがなかったはずがない。

田部井はいつでも「女性」を大切にし、女性が山に親しめる環境を、私たちに差し出してくれた。いや性別を限らず、朗らかに登山の歓《よろこ》びを伝えた。晩年はがんと闘ったが、「病気にはなるが病人にはならない」という本人の言葉どおり、最後の最後まで山に登り続けた。

二十余年にわたり、田部井の傍らで彼女の仕事と登山を支えてきたのは、吉田三菜子《みなこ》だった。田部井と吉田の出会いもユニークだ。田部井が友人とスイスの山を登りに行った折、ツェルマットで二人は出会った。吉田はツェルマットに滞在し、日本料理屋のアルバイトや、山岳写真家である小川清美《きよみ》のアシスタントをしていた。平成7（95）年当時は、ツアー全盛期。日本人トレッカーのために、吉田は毎朝おにぎりを100個以上にぎっていた。おにぎりを一つ一つ丁寧に黙々とにぎる様子や、アシスタントの仕事で見せる気遣いや機転のよさを、田部井は買った。ちょうど田部井も自分一人では仕事が回らなくなってきたころであり、「ぜひうちで働いてほしい」と吉田を誘った。

その吉田が、「普通だったら（がんの）治療に焦点を合わせて優先するだろうけれど、田部井さんは『山』が最優先という姿勢を生涯、変えなかった」と言う。そんな田部井の姿勢を表わすエピソードはいくつもある。そのうちの一つは、こんなことだ。

平成24（12）年は最も苦しい年だった。ごく限られた人にしか知らせていなかったが、3月にがん性腹膜炎を発症し、余命3カ月と言われた。当初、医師は夫の政伸《まさのぶ》にその事情を説明しようとしたが、本人が「私も聞く」と言い、夫婦二人で医師の話を聞いた。その後、抗がん剤と放射線治療を繰り返すことになった。けれど田部井は、年末にバングラデシュ最高峰へ登る予定は変えなかった。そしてみごと、11月に担当医師から寛解を告げられ、田部井はバングラデシュへ向かったのだ。

小学4年生、自分の足で登った那須岳が原風景に

さて、平成元（89）年、田部井はちょうど50歳を迎えた。前年に女子登攀クラブの仲間である北村節子とアラスカ・デナリに遠征、登頂した。北村は新聞記者であり、エベレストの計画を取材するなかで田部井と出会い、隊員を志願。田部井が10歳年上だったが、出会った当初から二人は意気投合していた。そしてデナリのころから、田部井は「七大陸最高峰」を意識するようになった。

平成3（91）年、北村と同じく山仲間であった親友の故真嶋花子と三人でビンソンマシフ（南極）に登頂。翌4（92）年に、カルステンツ・ピラミッド（インドネシア）とエルブルース西峰（ロシア）に登頂し、七大陸最高峰への挑戦を終えた。これも世界女性初のことだった。田部井が七大陸最高峰登頂を終えた平成初期は、まだツアー登山が一般的ではなく、登頂者数も多くはなかった。田部井の登頂後、だんだんと七大陸最高峰登頂者が増え、それに伴い、女性の登頂者も見られるようになっていった。

七大陸最高峰登頂後、田部井は世界各国最高峰へと向かうようになる。こう書くと、まるでタイトル狙い、ピークコレクターのように聞こえるが、そうでもない。未知の世界を

見たいという好奇心の、純粋な表われでしかなかった。このころになると田部井は、冒頭の問いの答えにあるように、周囲の目など気にしなくなっていた。突出したことをやり遂げる人というのは、周囲の評価には目もくれず、意識を自分に集中させるのだろう。

また、北村の言葉を借りれば、「漫然と〝おもしろそうだから行く〟では満足しない人。目標を設定し、それに集中できる人」でもあった。結果、生涯に76カ国の最高峰に登った。後年、がんに苦しむようになっても、「まだまだたくさんの国の最高峰が残っているのよ」「行ったことがないところがたくさん」と口癖のように繰り返していた。

こんなこともあった。平成26（14）年2月、田部井はテレビでソチオリンピックの開会式を観た。入場行進で目に留まったのは、アンドラ公国。聞いたことはあるけれど、どんな国だか詳しくは知らない。さっそく学校教材で使われる地図帳を開いた。田部井の世界への旅は、いつもこの地図帳から始まる。アンドラ公国は、その夏予定していた旅の行き先であるヨーロッパ・ピレネー山脈の麓の極小国であることがわかり、旅の予定に加えた。こんなふうに田部井の行動はいつも、好奇心と行動力に満ちて軽やかだった。

田部井の好奇心。これは、小学4年生のとき、担任の教諭、渡辺俊太郎に連れられた栃木県・那須《なす》岳登山のときからはっきりと表われていた。那須岳に登って、田部井は圧倒されたのだった。生まれ育った福島県三春では見たことのない風景であり、新鮮だった。自分の足で登ったからこそ、この眺めに出会えたのだと、幼心に刻んだ。その後、まだ見ぬ世界を見たいと山に登り続けた田部井にとって、那須岳は登山の原風景なのかもしれない。「いちばん大切なのは、本当に行くんだ、本当にやるんだという意志なんです」。これは田部井が残した言葉であるが、まさにそのとおりの人生だった。

海外の登山家との交流

エベレスト登頂が契機となり、田部井は海外の多くの登山家と交流するようになった。始まりは、昭和54(79)年にフランスのシャモニーで開かれた山岳フェスティバルである。このとき、中国からやってきたチベット人のパンドゥ(潘多)とポーランドのワンダ・ルトキェヴィッチと顔を合わせた。このフェスティバルは登山家であるモーリス・エルゾーグのお膳立てであり、当時エベレストに登った女性はこの三人だけだった。

パンドゥは、田部井がエベレストに登頂した11日後に、中国登山協会の隊員としてチベット側から登頂した人物だ。両者は互いの存在を知りながら、会う機会がなかった。ワンダ・ルトキェヴィッチは、エベレストに登頂した3人目の女性であり、K2(パキスタン)登頂は女性初。女性だけのパーティで冬季のマッターホルン(スイス)とナンガパルバット（パキスタン）に登頂した経歴もある。8000m峰14座のうち8座に登頂し、9座目となるはずだったカンチェンジュンガ（ネパール）の山頂付近で行方不明となった。平成4（92）年のことだ。

田部井は、シャモニーで二人に会ったことに刺激された。なかでもいちばん際立ったのは、「なぜエベレストに登ったのか」というエルゾーグの質問に対する三者三様の答えだった。田部井は「自分自身のために」と答えた。ワンダは「女性の勝利のために」と、パンドゥは「中華人民共和国のために」と答えた。同じ時代に生きて、同じエベレストの山頂に立った者同士であっても、国の歴史や社会背景が違うと、こうも答えが違うのか。おのれの喜びのために山に登れることを、田部井はよかったと思った。

パンドゥとは共通言語はなかったけれど、漢字を使って筆談をした。また当時、中国語を勉強していた同行の北村が通訳をしてくれた。エベレストで5本の指を失った手足を見たときは驚いたが、「この指は国にささげたもの」とパンドゥはあっさり答えたという。価値観が食い違う点も多々あったが、田部井は持ち前の好奇心で、「中国側はどんなルートになっているの?」など質問をし、さらにはパンドゥに同行していた中国登山協会の役人に、シシャパンマ（中国チベット自治区）の登山許可を取り付ける成果まで上げた。

その後、平成7（95）年には、東京で「エヴェレスト・ウィメンズ・サミット」を開催し、9人の女性登頂者を日本に招いた。前々年の春に、一日に40人がエベレストに登頂し、そのなかに女性もいたことが、田部井の関心を誘ったのだ。商業公募隊が盛んになり始めたころであり、イギリスのアリスン・ハーグリーヴスが単身無酸素でエベレストの山頂に立った年でもあった。時代が様変わりしていく様子を、田部井は興味をもって見ていた。それは、自身が登頂してから20年が経ったときのことだった。

唯一無二の存在、パンドゥ

「エヴェレスト・ウィメンズ・サミット」にはパンドゥの姿もあった。シャモニーで会ったときパンドゥは紺色の人民服だったが、日本に現われた彼女は大きな牡丹柄の鮮やかなワンピースと黒いハイヒール姿だった。20年の間にパンドゥの生活は大きく変わっていた。生まれ故郷のチベットを離れ中国沿岸地方での生活も長くなり、スポーツ振興や教育の仕事に力を注ぐようになっていたのだ。中国登山協会を通じてパンドゥと連絡が取れるようになった田部井は、平成13（01）年に中国を訪問した際、面会を申し込み、上海のホテルでの再会を実現した。このときから、田部井とパンドゥの間には中国語の通訳が入るようになった。須崎孝子《たかこ》だ。当時は日本のスポーツメーカーに勤めており、毎月のように中国へ出張していた。のちに中国貴州省《きしゅう》にある貴州大学の日本語教師の職に就き、都合3回、田部井とパンドゥが個人的に面会したすべてに同席している。

平成17（05）年には、エベレスト女性登頂30周年記念式典がカトマンズで開催された。これに同行したのは、ジャーナリストの笹生博夫《さそうひろお》だ。笹生は当時の二人の様子を、「言葉の壁もありそれほど多くを語ってはいなかった。しかし、田部井さんらしいあたたかい心遣いをパンドゥに見せ、再会を喜んでいた」と言う。

平成19（07）年、田部井は再びパンドゥに連絡を取り、上海に会いに行った。平成22（10）年には、カトマンズで登頂35周年記念祝典があり、ここでも二人は会っている。

平成24（12）年、再び田部井は須崎を伴って、江蘇《こうそ》省無錫《むしゃく》市のパンドゥの自宅を訪ねた。「自宅だったがゆえに、パンドゥもとてもリラックスしていて、二人はいい時間をもてたのではないか」と須崎は振り返る。このときは、これまでにはなかったようなことも話題に上った。たとえば、エベレスト登頂時の隊編成の内容や、登攀隊員とそれ以外の隊員の格差や役割の違いなど。中国側では、登攀隊員は高所順応を行ない登頂に向けて準備をするだけでよく、ほかの隊員が荷上げやルート工作をする。テントも食事も別々だった。こんな話をするようになるには、時間を要したのかもしれない。

遡ると、パンドゥの存在を初めて知ったのは、エベレスト登頂後、カトマンズに下山したときだった。待っていた報道陣のなかに、ジャーナリストのエリザベス・ホーリー（平成30年没、享年94）がいた。カトマンズ在住の彼女は、世界各国からヒマラヤにやってくる登山家たちにインタビューを試み、ヒマラヤ登山のデータを蓄積していた。ホーリーは開口一番、「淳子、あの山頂に9人が立てると思う？」と驚きを隠さずに中国隊の話をした。文化大革命のさなかにあった中国の登山隊が、田部井たちの登頂の11日後である5月27日に、中国側から9人が登頂し、そのなかにパンドゥというチベット族女性が含まれていたのだ。

このとき田部井は、パンドゥに興味をいだいた。

パンドゥは当時、地球上に存在する人間の半分が女性なのだから、女性だってエベレストに登れると信じていた。中国のために登りたいとも思っていた。乳飲み子を抱えながら半年でヒマラヤに復帰したのは並大抵の努力ではなかったけれど、当時の苦労は語らない。

「頂上を目前にしたときは、子どもや家庭のことはなにも考えなかった。むしろ万が一登れたら、これは大ごとになる」と感情が高まったと話していたそうだ。そして登頂した。

田部井はパンドゥのことを、こうも語っている。

「パンドゥは山のなかで育ち、山を歩くことは得意で好きだった。けれどヒマラヤを登るのは話が違う。いくらその後の名誉ある人生が約束されていても、危険もあるエベレストに登るというのはどういう心境なのだろうと、最後まで想像できなかった」

田部井は笑いながら続ける。

「私は好きなことをやって一生を過ごしてきた。エベレスト登頂後、私の人生が変わったと言う人もいる。確かに周りの目が気になった時期もあった。けれどあるときから自分の思うとおりにやろうと思えるようになった。そうでなければ私の人生ではなくなってしまう。けれどそれでも、周囲の声が気になったりしちゃうんだよね。私って田舎者だからさ」。

冒頭の質問の答えにもつながる台詞だ。

「パンドゥとはエベレストという共通項はあっても、まったく別の人生。なにが幸せかはわからないけれど、私は、名誉はいらない。自分のために生きたかった。だからそういう人生を送ることができる境遇にあったことを、私は幸せに思う」と田部井は言った。

二人の共通点は、彼女らを理解し一生を支える夫がいたこと、子どもがいたことだった。

そして、世界でたった一人の女性初登頂者になった田部井も、また中国の英雄になったパンドゥも、どこか孤独なところがあったのかもしれない。それは、当事者たちにしかわからないものがあったという意味だ。言葉の壁があり時間はかかったけれど、さまざまな感情を共有できたのは、ほかならぬ二人だけであり、二人が友人になるのは必然だった。

田部井はパンドゥの強さを語っていた。共産党員宣言をし、国のために登った。エベレスト登頂後も、国のために尽くした。幼いころの苦しい生活から自分を救い出してくれたのは、中国共産党だからだ。けれど、最後までパンドゥのなかにチベット族の気質やたくましさが見え、それを田部井は言葉には表現できずとも感じ取っていたようだ。

一方パンドゥは通訳の須崎に、「田部井さんはお母さんのよう。私にいろんなことを教えてくれた。私は糖尿病になり登山もできなくなったけれど、彼女はずっと世界中の山を登っている。世界のいろんなところから便りをくれる。すごいなあと思う。世界のたくさんのことを話してくれ、私の見聞を広めてくれた」と語った。

あるとき須崎は「天気次第では、中国隊のほうが先に登頂する可能性だってあったかもしれない。たった11日違いだったことをどう思うか」と、田部井と一緒のときにパンドゥに尋ねた。するとパンドゥは、「田部井さんは南側からの一番、私は北側からの一番。二人とも一番。それでいいじゃないですか」と答えたという。須崎はなんという愚問だったかと後悔したが、そんなパンドゥの言葉を聞けてよかったのではないか。もし田部井が11日後だったとしても、彼女も同じように答えたのではないかと、ふと思う。

平成27（15）年、エベレスト女性初登頂40周年記念パーティーがカトマンズで開催されたとき、パンドゥの姿はなかった。前年4月、糖尿病が悪化し亡くなっていた。じつはちょうどこのころ、田部井は再びパンドゥに会いたいと考えていた。けれど再会がかなう前に、訃報が届いたのだった。とても寂しかったと、田部井は言っていた。朗らかで友人の多い田部井だったけれど、パンドゥは唯一無二の存在だったのだろう。

エドモンド・ヒラリーとの約束

エベレスト初登頂者であるエドモンド・ヒラリーとの交流も続いた。そのうちの一つが、ヒラリーが平成元（89）年の国際山岳自然環境会議で提唱したヒマラヤン・アドベンチャー・トラスト（HAT）に関するものであった。ヒラリーは「登山者の手で山を守ろう」とHATを立ち上げた。その日本版ともいえる日本ヒマラヤン・アドベンチャー・トラスト（HAT-J）を、田部井は翌年に創設した。彼女は、山岳環境を守るのは登山者の義務でもあると話していた。さらには、この活動をより充実させるために、田部井は平成10（98）年、九州大学大学院に入学し、ヒマラヤのゴミ問題について研究した。「登山者が増え、エベレストベースキャンプのゴミが増えた」という漠然とした情報ではなく、数値化された統計から将来に向けた具体的な行動を取りたかったからだ。

HAT-Jは、国内の山岳地域におけるトイレ問題やネパールのエベレスト街道のリンゴ園運営、国内外での子どもたちの自然体験などに取り組んできた。田部井が代表を務めたのは、平成26（14）年まで。そのあとは、田部井の盟友である神崎《かんざき》忠男が代表を引き継いだ。神崎は、グリーンランドやエベレストに赴いた登山家だ。田部井がエベレストを計画したとき、「登れるよ、がんばってこいと言ってくれた男性は夫以外にたった3人」だったと回想したうちの一人だ。ちなみに、『日本百名山』を著わした深田《ふかだ》久弥《きゅうや》もそのうちの一人だ。HAT-Jは、東日本大震災のあと、避難所生活を余儀なくされていた被災者たちをハイキングに誘う企画も実施した。そして、令和3（21）年9月、その役目を終えたとして解散した。

田部井淳子流リーダーシップ

こういった一連の行動に、田部井のリーダー性が見え隠れする。田部井は強固なリーダーシップを示すわけではない、と私は思う。公明正大で、すべての人の話に耳を傾ける。一方で自分の考えは確立されている。頑《かたく》なではないが、流されもしない。再考したほうがよいと判断すれば、柔軟に方向を修正する。これらすべてを「静かに」行なうのだ。私自身、さまざまな活動や仕事を田部井と共にする機会に恵まれたが、田部井と私では、山へのアプローチや考え方が、必ずしも同じというわけではなかった。だから時々、私は田部井に意見を述べることがあった。「好きなようにやればいい」と言うときもあれば、「いいえ、私はこう考える」と自身の考えをはっきりと言うときもあった。いつも建設的な話ができた。私のように年下であり、経験も実力も彼女にはるか及ばない者にも、耳を傾け、細やかな配慮をしてくれた。将来を見据えて、まっすぐ一本意思を通すものごとの進め方を教えてくれた。リーダーはかくあるべきだと、日々の行動をもって示してくれた。

平成28（16）年12月に行なわれた「田部井淳子さんを送る会」の壇上で、田部井の母校である昭和女子大学理事長・総長の坂東眞理子《ばんどうまりこ》は、田部井のリーダー性を「サーバント・リーダーシップ」とたたえた。サーバント・リーダーシップとは、リーダーが前面に出てメンバーをぐいぐい引っ張るタイプとは対極にあり、メンバーを支えながらおのおのが能力を発揮できる環境をつくっていくリーダーシップをいう。

山田淳《あつし》も、送る会の会場で坂東のスピーチを聞いていた一人だ。山田は、登山道具のレンタルや登山ツアーの企画催行、フリーペーパー『山歩みち』の発行などを手がけるフィールド＆マウンテンの代表取締役社長を務める。平成9（97）年、ヒラリーが来日したとき、当時エベレストに登頂したばかりだった大学生の山田を田部井が招いたことが機となり、山田は田部井を信奉してきた。

山田は、このときのスピーチをよく覚えているという。既存の概念に当てはめれば、田部井のリーダーシップはまさにサーバント・リーダーシップである。けれど厳密には、「田部井淳子流リーダーシップ」と山田は言う。

後述する「東北の高校生の富士登山」の際、山田は自社のフィールド&マウンテンで、参加者全員に登山靴と雨具を貸し出している。田部井への恩返しと思い、二つ返事で引き受けたことだったが、2、3年たったころ、協力組織間で意見の食い違いが生じた。当時を振り返り、山田は「田部井さんはいったん僕の意見を聞く。そして持ち帰る。衝突はしない。ずいぶんたったころ、田部井さんが名案を出してきた。それはこの企画に関わる誰もが傷つかず、その後も仕事がしやすい方法だった」と言う。

田部井ほどの名があれば、独断で進めることもできただろう。けれど、田部井は誰もが快くこの事業を継続できる道を考えたのだ。

山田は、こうも言う。

「リーダーは船頭。田部井さんは乗船メンバーを選ぶ能力にバランスがあり、気づくと船に乗った者はみな、楽しく彼女の計画に協力している。もし楽しくなかったらいつでも下船できるように救助ボートは用意されている。つまり、船に乗った時点で、彼女の思惑にはまっているんですよね(笑)」

令和2(20)年6月、新型コロナウイルス感染拡大による緊急事態宣言が明けたとき、山田と私は北八ヶ岳を歩いていた。道すがら山田がこう言った。「コロナに見舞われたいま、生きていたらどんなことをしていたかなあと考える人が二人いるんですよ」

もしもはないけれど、そういうことを考えずにいられない世の中だった。山田は、その一人は彼の先輩でもある東京大学スキー山岳部出身の故新井裕己《ゆうき》であり、もう一人が田部井だと言った。閉塞したなかにあって、田部井はなにがしかの可能性を見いだし、歩みを止めなかったのではないか、そんなことを山田は話していた。

吉田は、「実績や前例にとらわれず、適材適所に人を置く。だから私も無理なく、田部井さんをサポートする仕事ができた」と振り返る。リーダーは、メンバーの過去の実績や前例に振り回されてはならない。もちろん誰もがこれまでの経験があって、いまがある。しかし、ネガティブな点にとらわれたり、実績を過大評価する必要はない。その人のいまを見て、田部井はそれぞれが活きるところに配置してくれていたように思う。

田部井はかねがね「ああ楽しい人生だったと死にたい」と話していた。田部井のスケジュールを管理し、彼女を支えていたのは吉田であり、その激務ぶりは誰もが知るところだ。そんな吉田が「田部井さんのおかげですごく楽しい時間だった」と、田部井と同じことを言った。これも田部井の思惑どおりなのかもしれない、と少しおかしくなる。吉田だけでない。田部井の薫陶を受けた者は、大勢いる。その人たちが、田部井が亡くなったいまも出会い、共に山に登ったり、さまざまな活動に取り組んでいる光景を見かける。私もその一人だ。田部井が遺《のこ》してくれた人材は、いまも有機的に結びついている。

女性を山に誘いたい、女性こそ次世代につなげられる

山に関心のある女性たちの集まり「森の女性会議」は、田部井と北村が平成8（96）年に立ち上げた。弁護士、医師、ジャーナリスト、官僚などの異業種交流の場でもあった。田部井はここでも、持ち前の好奇心で世界を広げていった。時代が進んだように見えても、いまでも女性たちが、家庭と仕事の両立、育児の苦労を語っていることが印象的だったようだ。

20〜40代の女性たちを山に誘いたいとMJリンクを始めたのは、平成21（09）年だ。子どもを産む性である女性にこそ山の魅力を味わってほしいと、田部井は言う。彼女たちが山の魅力を実感すれば、必ず次世代にそれをつないでくれると信じていた。子育てが大変、仕事に追われている、全部田部井自身が味わってきたこと。だからこそ、彼女たちが山に出かけやすい環境をつくることに気を配った。それは参加費の金額設定であったり、登山の場での柔らかな雰囲気であったり、参加者への分け隔てない姿勢だった。

北村が言う。

「人には、子どもに温かいものを食べさせたいという根源的な気持ちがある。それを彼女は、一緒に山に登るみなに見せていた。食べさせたがり屋だったでしょう。おいしいよ、食べな、食べなって」

田部井の声が聞こえてきそうだ。それはどうやら、北村や私だけがもっていた印象ではないようだ。さらに田部井はよく言っていた。

「私が若いころは苦労をした。エベレストなんて登れないとみんなに言われた。登れるよ、がんばってこいと言ってくれた男性は夫以外にたった3人。山の先輩たちに気兼ねなく相談することもできなかった。だから、私は自分から若い人たちのなかに入っていくんだ」

娘から見る母の姿

田部井には、娘と息子が1人ずついる。娘の教子《のりこ》は、田部井がエベレストに向かう前々年に生まれた。エベレストに登ることには賛成だが、一人で留守番するのは寂しいから子どもが欲しいと、政伸が言ったと聞く。母が時の人となって羽田空港に帰国したとき、大勢の報道陣が待ち構えていた。父と共に迎えに行った教子が、母にだっこされて泣きそうな顔をしている写真は、いまでも時々マスコミに使われる。教子は、「ああ、あの写真ね」と言う。3歳の子どもが、大勢の知らない大人たちからフラッシュを浴びた。それはトラウマとなって、教子は長い間、カメラ嫌いになりカメラが怖くなった。

教子は、はたから見ると気遣いの人でありしっかり者だ。きっと親から見ても「よい子」だったのではないかと想像する。

「よい子を演じていたわけではないけれど、小さいころから母が留守のことは多く、なにか相談したくてもできない。男親ではなく女親に話したいことも話せない。そんなモヤモヤがありました」

「三者面談に、ほかの親はスーツを着てくるのに、山の格好でザックを背負ってくるんですよ。都心の学校だったのに」と教子から聞いたこともある。仕事に忙殺され、その合間のわずかな時間を使って娘の三者面談に飛び込んでいった、田部井の姿が思い浮かぶ。

教子にとって、母親の存在が変わるターニングポイントは、社会人になり実家を出たころだった。ちょうど平成に入る時期、田部井は50歳。思春期には反発心もあったけれど、実家と距離ができ、母親を女性として偉大な人だと思うようになった。

そのころから、田部井が添乗員を務める海外トレッキングのツアーに、教子もたびたび参加するようになった。「一人では行けないところもあって、楽しかった」と回顧する。

上／MJリンクでエベレスト街道をトレッキング。ネパール人女性のエベレスト登頂者たちと共に　右下／エベレスト女性初登頂40周年記念パーティー（ネパール）に家族と（写真2点＝筆者）　左下／平成7(95) 年、北村節子（右）とアイガー山頂にて。ヨーロッパ・アルプスや、チョ・オユーなどのヒマラヤを精力的に登っていたのもこのころ（提供＝北村節子）

晩年、田部井の病床に通ったときは、たくさんの会話をした。当時、人間関係に悩んでいた教子に、田部井は「いろんなことがあるものよ」としみじみ語った。かつては山から帰ってくると、山の楽しい話はしても、つらかったことや大変だったことはほとんど話さなかった母であるが、最後は娘に本音を漏らすようになっていた。

「心に残っている山は?」と教子に尋ねると、MJリンクで登った韓国の漢拏山《ハルラサン》と即答。平成25(13)年、亡くなる3年前の5月のことだ。漢拏山はボリュームのある山で、結局この日の行動時間は10時間近くになった。山頂を越えて反対側に下山する終盤、田部井は疲労と抗がん剤の副作用で思うように体が動かなくなった。空には雨雲が立ち込めてきて、なるべく早く下山したいところだったが、チームのペースは上がらなかった。空模様を心配する声が出てきたとき、田部井が「不確定なことをネガティブに言うものではない。ちゃんと自分の足元を見て歩きなさい」と叱咤した。私には、田部井は自身に「しっかり歩け」と言っているようにさえ聞こえた。

私は口にこそ出せないものの、なによりも田部井の足取りが気がかりだった。田部井はきつい口調で言ってしまったことを気にしたのか、次の休憩のとき、メンバー一人一人をマッサージして回ったのだ。長女の教子のところで肩をもんでいたのを覚えている。さぞ自分がつらかろうときに、周囲へ気を配り励ます姿に感動したと、教子は言う。

亡くなった年の11月、ＭＪリンクは台湾の玉山《ぎょくざん》に登った。田部井の代わりに吉田が参加してくれた。命日からちょうど1カ月後。山頂で教子が「柏さん、連れてきちゃったの」と母の遺影を出した。それまで濃い霧に閉ざされていた玉山に、一瞬日が差し、景色が望めたときだった。

病気にはなったけれど、病人にはならない

田部井は平成23（11）年、故郷・東北を襲った東日本大震災に心を痛めていた。いち早く避難所生活の人たちを誘い、散策や山へ連れて行った。翌年からは、「東北の高校生たちの富士登山」を始めた。やがて息子の田部井進也《しんや》が加わり、いまでは彼に、しかと受け継がれた事業となっている。コロナの影響を受け、令和2（20）年は中止を余儀なくされたが、翌年には参加人数を14人に絞って再開した。田部井の目標であった「1000人の東北の高校生を富士山に」までは、まだまだ時間がかかりそうだ。しかし進也は、「コロナが原因で少人数になったけれど、一人一人と濃密な時間を過ごせた。1000人に到達するまで、この先もゆっくりと続けていきたい」と言う。

進也は「晩年、おふくろは彼らと富士山に登るのがいちばん楽しかったと思いますよ。

まったく手探りでスタートした事業ですが、いろんな人たちを巻き込みましたね」と、半分苦笑い。「それに、病気になってからのほうがたくさん山に登っていたんじゃないですか。おふくろの留守には慣れている僕ですら、びっくりしたぐらいです」と話す。

もちろん体調はすぐれなかった。けれど周囲を心配させまいと、余計なことは言わなかった。登山の最中、本当は座り込みたいだろうに、木にもたれかかり自然にふるまうように努めながら休んでいた姿を何度も見た。いよいよ体調が深刻になっても、スケジュールをキャンセルすることはほとんどなく、最後は病室で講演用のビデオレターをつくった。

亡くなる年の9月には、本人主催の誕生日会が東京で行なわれた。それを田部井は「MJサロン番外編・喜寿をたのしむ会」と名づけた。MJサロンは、街で先輩たちの話を聞き、交流を深めることを目的としてMJリンクが主催する会だ。この誕生日会を当時、田部井は「生前祭をして、お世話になった方々にお礼を言うのだ」というニュアンスで話していた。田部井最後の誕生日会を、あえて「MJサロン番外編」と名づけたのは、自分の遺志を次世代が継いでほしいと願ったからだろうか。お祝いをしてもらうのではなく、この瞬間をみなと味わいたいという思いだったのだと、私は思っている。

300人ほどが集まり、田部井は壇上で歌い、古い写真を見せて登山の話をした。堂々とした語りであり、歌だった。曲は、彼女が愛してやまなかった『アメージング・グレイス』。会の直前まで、入院先の病室でも歌の練習をしていた。毎日のように見舞っていた教子は、田部井の病室に近づくと歌声が廊下までもれていて、「やれやれ、また歌っている」と思った。そして、この会を全面的に支えたのも、北村と吉田だった。

12月には同じような会を福島で開く予定で、案内状も出してあった。すべて田部井が年初に決めていた。けれど、12月の席には田部井の姿はなかった。

時は前後するが、こんなこともあった。平成27（15）年4月27日、バッタライ駐日ネパール大使公邸で、田部井のエベレスト女性初登頂40周年記念パーティーが予定されていた。しかしそのわずか2日前に、大地震がネパールを襲った。祝いの場は、田部井とバッタライ大使の考えもあり、ネパール支援について考える会となった。山岳関係者も多数集まり、（公社）日本山岳会、（公社）日本山岳協会（当時）、日本勤労者山岳連盟が主体となって、ネパールへの支援が決まった。

田部井はこのときのスピーチで、MJリンクが平成23（11）年のゴールデンウィークにエベレスト街道へ行き、エベレストサミッターであるネパール人女性たちとトレッキングし、交流したことについて触れた。ある晩の小さなパーティーのとき、田部井が東日本大震災で甚大なる被害を受けた福島県出身だと知った彼女たちが、お金を集めて田部井に手渡した。それを彼女は、避難生活をしている人たちをハイキングに誘う活動に使ったという。あのときのネパール人女性たちの気持ちが本当にうれしくて、今度は、日本の山岳団体が団結し総力をあげネパール支援に取り組もう、と田部井は語った。

夫・政伸は、田部井のことをこう語る。

「ヒマラヤも、若いころの厳冬期の谷川岳《たにがわ》の登攀も、地元でのハイキングも、みな同じようにわくわくする。谷川岳の岩壁だけを登れば満足するのではない。劣悪な雪稜をたどり稜線に出て山頂まで行くのが好きだった。そこには、岩壁で苦労して登っていたことを忘れてしまうほどの気持ちよさがある。いろんな土地の山、四季折々の山、高い山低い山、難しい山気軽な山、全部楽しい。かみさんが最後の最後まで山を楽しんだのは、山が好きだから。そして若いころから幅広く登山の経験を積んできたからだ」

周囲からは「いつも山に行っているんですね。よく行かせますね」と言われたけれど、政伸は「行く環境をつくっているのは彼女。留守の間に家族が困らないように、あらゆる準備をしていく。きわめて常識人だった」と回顧する。

田部井の死後、政伸は一人で、積極的に山の世界のいろいろな場に顔を見せる。「うちのかみさんは……」と、田部井のことを話す。いつまでも田部井の死にめそめそしている私を、笑い飛ばしたこともあった。けれどあるとき政伸の自宅を訪ねると、田部井の遺骨があり花が供えられていた。お線香をあげ手を合わせたあと、「納骨されていなかったんですね」と政伸に言うと、「俺は、まだ納得していないんだよ」ともらした。

新型コロナウイルスの感染が広がり、人々の生活は大きく変わった。好きなように山に登れないどころか、日常生活が大きく制限された時期もあった。いま、彼女が生きていたらなんと言うだろうか。答えは明白だ。

「落ち着け、じっと好機を待て」「いつも笑顔で。どんなトラブルがあっても騒がずに」と言うに違いない。田部井は生前、「私が死んでも、騒ぐな」とすら言っていた。自分で自分の足元を揺るがせてどうするんだ、しっかり立ちなさい、と言っているのだ。

そんな静かな強さを彼女はどこで学んだのだろうか。女性初のエベレスト登頂というタイトルを背負いながら、周囲の期待に応え、私たちにたくさんのものをもたらし、そして自分が好きな山を貫いた。そのなかで身につけた強さであったのだろう。

古代中国の学者・崔銑《さいせん》が残した「六然訓《りくぜんくん》」を、田部井は毎日唱えていた。

自処超然《じしょちょうぜん》　処人藹然《しょじんあいぜん》　有事斬然《ゆうじざんぜん》　無事澄然《ぶじちょうぜん》　得意澹然《しくいたんぜん》　失意泰然《しついたいぜん》

まさに田部井の生き方そのものだ。

田部井淳子は登山を通じて、私たちに希望と勇気を与え続けてくれた登山家だった。

田部井淳子／平成期の主な活動

☆七大陸最高峰　★各国最高峰

H1(1989)	50歳	チンボラソ(6310m、エクアドル)登頂★ エルブルース東峰(5621m、ロシア)登頂
H2(1990)	51歳	マウントクック(3724m、ニュージーランド)登頂★ マッターホルン(4478m)などスイス・アルプス4座登頂
H3(1991)	52歳	ビンソンマシフ(4892m、南極)登頂☆ 橋本しをりと二人でニューヨークシティマラソン完走
H4(1992)	53歳	カルステンツ・ピラミッド(4884m、インドネシア)☆ エルブルース西峰(5642m、ロシア)登頂☆ 女性初の世界七大陸最高峰登頂 文部省(当時)スポーツ功労賞受賞(2度目)
H5(1993)	54歳	普通自動車運転免許取得(のちの運転回数は数回)
H6(1994)	55歳	ハンテングリ(7010m、カザフスタン)登頂★
H7(1995)	56歳	内閣総理大臣賞受賞
H8(1996)	57歳	北村節子と「森の女性会議」を立ち上げる チョ・オユー(8201m、中国チベット自治区)登頂
H10(1998)	59歳	九州大学大学院比較社会文化研究科入学(ヒマラヤのゴミ問題)
H11(1999)	60歳	ポベーダ(トムール)(7439m、キルギス)登頂★
H12(2000)	61歳	九州大学大学院比較社会文化研究科修士課程修了
H13(2001)	62歳	ムスターグアタ(7546m、中国新疆ウイグル自治区)登頂
H15(2003)	64歳	シャンソンを習い始める
H16(2004)	65歳	謡曲を習い始める
H17(2005)	66歳	オホス・デル・サラド(6893m、チリ)登頂★ 「怖いもの知らずの女たち」初コンサート開催
H19(2007)	68歳	環境大臣賞受賞 乳がんの手術をする
H20(2008)	69歳	会員サイト「趣味人倶楽部」でブログを始める 春の園遊会に夫妻で招かれる
H21(2009)	70歳	呼びかけ人となり、「MJリンク」を始める NHK趣味悠々『山で元気に！田部井淳子の登山入門』放映 NHKアナウンサーと3週間かけて北アルプス縦走、教育テレビ『夏の北アルプス』放映 NHK放送文化賞受賞
H22(2010)	71歳	テンジン・ヒラリー賞(ネパール政府観光省より)受賞 『田部井淳子のはじめる！山ガール』刊行、「山ガール」が新語・流行語大賞にノミネート
H24(2012)	73歳	がん性腹膜炎、余命3カ月と告げられる 「東北の高校生の富士登山」を始動
H26(2014)	75歳	がんが脳に転移する
H27(2015)	76歳	エベレスト女性初登頂40周年記念パーティーを東京とカトマンズで開催
H28(2016)	77歳	7月、「東北の高校生の富士登山」で元祖七合目(3010m)まで登る。人生最後の登山となる 9月、銀座で誕生日会「喜寿をたのしむ会」を自ら開催し、多くの友人、仲間たちの前で歌う 10月20日没

谷口けい

平成20年にインドのカメット南東壁を初登攀し、
ピオレドール賞を受賞。一躍その名が世界に知れ渡る。
山への向き合い方を「人の夢を奪い取る人」とたとえる人がいる。
多くのクライマーとロープを組み、みなに愛された。
平成27年12月21日、北海道黒岳にて滑落死。
自分の人生を自分の手でつくり、われを通した43年の生涯だった。

岩や雪山の登攀だけでなく、里山歩きも好きだった（写真＝平出和也）

たにぐち・けい　昭和47（1972）年、和歌山県生まれ。28歳のとき京葉山の会に入会。平成21（2009）年、カメット南東壁初登攀によりピオレドール賞受賞。アドベンチャーレース、あらゆるスタイルの登山を好んだ。平成27（15）年黒岳で滑落死、享年43。

登山史に永遠に刻まれた「けい」という名

谷口桂《けい》。昭和47（1972）年、和歌山県にて谷口家の長女として生まれる。「桂」という文字はいつしか使わなくなり、本人は自分の名前を「けい」と書いていた。しかし桂が嫌いなわけではなかったようだ。近しい者に、「桂は私の木。中国では金木犀《キンモクセイ》を指すんだよ」とうれしそうに話していた。中国において桂は、「月の中にある理想」を表わす樹木とされ、それは常に前向きであった谷口の人生そのもののようだ。

平成20（2008）年に、登山家であり山岳カメラマンでもある平出和也《ひらいでかずや》とインドのカメット南東壁を初登攀し、女性初のピオレドール賞を受賞。一躍その名が世界に知れ渡った谷口であるが、平成27（15）年12月21日、北海道黒岳《くろ》にて滑落死。凡庸な表現だが、まったく惜しい人を亡くした。歴史はその時代に生きる一人一人がつくるものだが、谷口の喪失は日本の登山界に大きな衝撃を与え、歴史の歩みを遅くしたとさえいえよう。

兄と弟がいた谷口は、小さいころから男の子に交ざって外で遊んでいた。父の尚武《ひさたけ》は登山が好きで、時々谷口を連れて山を歩いていた。

千葉県立小金高校に進学し、1年生のときに同じクラスの水上由貴《みずかみゆき》と出会う。以来、生涯の親友となった。水上に当時の話を聞くと、二人で長い休みを使って北海道や関西を旅した思い出がたくさん出てくる。あるときは、千葉県流山市から利根川沿いに銚子をめざして自転車をこいだ。自転車は彼女らにとって、徒歩より速く自分の力だけで移動ができる、格好の旅の手段だったのだろう。しかし二人は銚子までたどり着けず、日が暮れ、途中の河原で寝袋に入って夜を越した。こんな二人の旅は、高校を卒業してからも続いた。

谷口は高校3年の夏から約1年間、アメリカのカンザス州に留学する。これが彼女にとって大きな転機となったようだ。アメリカで生活をするなかで、彼女はよりはっきりと自分の主張をするようになった。

自分自身を信頼できるようになった学生時代

翌年夏に谷口は帰国し、一人だけの卒業式を終え、そのまま実家を出た。大学受験浪人をしていた水上が通う予備校には時々姿を現わし、一緒に受講していたという。けれど、翌春一緒に大学受験をすることはなかった。大学に入るための勉強に疑問をもったようだ。1年遅れて平成5（93）年、明治大学文学部二部に入学した。

入学後に谷口が選んだのは、ＭＣＴＣ（明治大学サイクリスツツーリングクラブ）だった。サークルの文集『ベルエポ』をひもとくと、国内外をたびたび旅行し、バイクや自転車で走っていたことがわかる。谷口と同期であり、主将を務めた里見卓也《さとみ》によると、通称「ダンキャ」と呼ばれる男子部員のみによるテントを積んでキャンプしながらの長いツーリングに、谷口は女子部員一人で参加したり、男子部員限定の「ファストラン」（東京都八王子市から新潟県糸魚川市《いといがわ》までの３００㎞のツーリング）にも参加していた。

３年生になってからは、谷口は駿河台キャンパスの支部長を務めた。

「自分がやりたいと思ったことに一所懸命になる人。担ぎ出されれば、きっちりとリーダーシップをとる人。明るくて女子部員の憧れでもあった」と里見は振り返る。

『ベルエポ』に、谷口は「りゅうねんのすゝめ」や、卒業時には「これからの少女たちへ」というタイトルの文章を書いた。こんな文章だ。

「何をやるにしても、あたしは絶対に後悔しなかったし、逆に幸せを感じたし、自分自身が信頼できるようになってきたんだ」

大学在学中には、メッセンジャー（メッセンジャーバッグと呼ばれる肩掛けのバッグと自転車を使い、書類やものを運ぶ）のアルバイトをした。バイト先の仲間たちがつくった、「ニチェボー」という登山サークルに入った。初年は簡単な山行を、次年に北アルプスの大キレットをめざしたが天候不順で途中下山した。3年目で燕岳《つばくろ》から槍《やり》・穂高《ほたか》連峰へとつないだ。

やがて岩壁や氷雪壁も登りたいと思うようになり、門をたたいたのが京葉山の会だった。当時、東京都京橋の裏路地に登山用品店「ジャンダルム」があった。2階に同じ名の食堂があり、そこを切り盛りしていた服部夫妻に相談した結果、入会を決めたのだという。

山岳会入会。そしてアドベンチャーレースへ

京葉山の会に入ってしばらくたったころ、私は谷口と出会う。インタビューの約束をしたところ、指定された場所が食堂のジャンダルムだった。谷口は食堂の下にある登山用品店と上階の会議室を案内してくれた。会議室は京葉山の会の集会所だった。その後、食堂に入ると、なにも言わずとも、定食が出てきた。大きな器に入った具だくさんの豚汁にご飯、焼き鮭だ。それを谷口はほおばった。豚汁定食はワンコインだったが、谷口がこの店でお金を払うことはないようだ。どういった経緯なのかは尋ねなかったが、雰囲気から察するに、お金はない、けれどともかく山に登りたいという若者の心意気に惚れた服部夫妻が、谷口がここに来たときぐらいは「食べさせてやっている」。そんな人情だと想像した。

京葉山の会には、ニチェボー時代からの仲間である小川弘資《ひろし》も一緒に入会し、頻繁に山行を共にするようになった。あるとき一人で南アルプス・甲斐駒《かいこま》ヶ岳の鋸《のこぎり》尾根に登りにいき、雪に閉じ込められて遭難騒ぎになったこともあった。まだまだ怖いもの知らずで手加減がわからず、突っ込んでしまう感があるころだった。

やがて谷口は、小川や佐藤佳幸《よしゆき》らも交えてアドベンチャーレース（山、川、海などの自然を舞台に、トレッキング、マウンテンバイク、クライミング、カヌーなどのアウトドアスポーツを駆使して、男女混成3〜4人のチームでゴールをめざす競技）に参戦するようになった。佐藤もニチェボーの仲間であり、現在は山岳スポーツや山岳風景の映像を撮るムービーカメラマンだ。のちに、ムスターグアタ（中国新疆《しんきょう》ウイグル自治区）の遠征を共にする。きっかけは、チームに女性を1人加える規則があり、彼らが谷口を誘ったのだ。平成12（00）年のサロモンXadventure岐阜大会だ。

やがて谷口は、日本におけるアドベンチャーレースの先駆者である田中正人《まさと》が率いる「チームイーストウインド」のメンバーになり、国内外のレースに多数出場するようになった。その後、「対等の力をもつ者同士でチームを組みたい」と「大和撫子旋風」という女性チームをつくり、国内はもとより中米など海外のレースにも参戦した。その後も谷口は、年に1、2度は「これぞ楽しい」と自分自身が思えるレースに参戦していた。競争は嫌いと言っていた谷口であるが、アドベンチャーレースは別であり、その理由は仲間たちにあった。「アドベンチャーレースの仲間たちは気持ちのいい人たち」と語り、大好きだった。「大和撫子旋風」の仲間である伏見幸希子《ふしみゆきこ》や藤原（現渡邉《わたなべ》）瑞穂《みずほ》らは、谷口の死後、命日となる12月21日前後に「ＤＨＣＫｅｉちゃんカップ☆」というロゲイニング大会（地図をもとに時間内にチェックポイントを回り、得点を集める競技）を開催するようになった。アルパインクライミングとアドベンチャーレース。異色の組み合わせのようにも思えるが、当時谷口は、こうも語っていた。

「アドベンチャーレースで昼夜問わず長時間行動し続けることを身につけた。夜間に行動する怖さもあるけれど、暗闇でも動けるようになり、その後の登山に役立った」

ヒマラヤへ。平出和也と登った新ルート

谷口は海外の山にも目を向けるようになった。平成13（01）年にアラスカのデナリに登り、翌平成14（02）年の野口健エベレスト清掃登山にベースキャンプマネージャーとして参加した。エベレスト（ネパール）には2年連続で通った。やがてベースキャンプマネージャーでは収まらなくなり、平成19（07）年にはチベット側から登頂した。

同時期に平出和也もヒマラヤを登るようになった。二人の出会いは、野口健のお膳立てで平出と大石明弘がチョ・オユー（中国チベット自治区）の報告会をしたときだ。そこへ谷口は「ご飯が食べられる」とやってきたのだ。大石は、のちに谷口としばしばロープを組むようになるクライマーであり、谷口が亡くなったあと、谷口の伝記『太陽のかけら』（山と溪谷社）を書いた。

平出は、平成16（04）年に、パキスタンのゴールデンピークとライラピークを計画した。初めて自分が企画しリーダーとなるヒマラヤだったが、なかなかパートナーが見つからなかった。そんなとき、当時平出が勤めていたICI石井スポーツ登山本店に、谷口が現われた。報告会以来、テレビ撮影のボッカの仕事で顔を合わせたぐらいだったけれど、誘ってみた。すると、「前から気になっていた山」と二つ返事で一緒に登りたいと返ってきた。

これが、このあと約10年間にわたって谷口と平出が一緒にヒマラヤを登るはじめの一歩である。そして二人は、ゴールデンピークは北西稜から初登攀、ライラピークは東壁の新ルートを初登攀した。

ライラピークから下山した谷口はコスタリカに飛び、セントラルパシフィックチャレンジというアドベンチャーレースにチーム「大和撫子旋風」で出場し、敢闘賞を受賞した。

カメットへのキャラバンの途次で。その目線の先にはなにを描いていたのだろうか（写真＝平出和也）

信じ続けた「いまの自分たちだからこそ登れるライン」

翌平成17（05）年は、谷口にとって思い出深い年だったに違いない。夏には、平出、佐藤、林翼《たすく》とムスターグアタに向かった。中国新疆ウイグル地区の西端にあるボリュームのある山だ。谷口と平出は、ムスターグアタの東稜を登った。第2登となり、山頂を越えて反対側のノーマルルートを下降した。平出は得意のスキーを使って滑降したが、当時未経験だった谷口は徒歩で下山した。

下山後、平出と谷口は陸路でクンジェラブ峠を越え、パキスタンへ。その後インドへも陸路で国境のワガを越え、シブリンへと向かった。

平出がシブリンの話を谷口にもちかけたときも、彼女は二つ返事で一緒に登ろうと言った。谷口は『ヒマラヤアルパイン・スタイル』(山と溪谷社）という大判の写真入りの書籍で、シブリンについて読んでいた。副題に「最も魅力的なルートからの高峰登山」とあるとおり、この本はヒマラヤの名峰について、その最も美しいラインを取り上げ、とりまく歴史やルートを紹介している。谷口はこれを読み、シブリン北壁を登ってみたいと思っていた。生前、彼女に確認したわけではないが、ひょっとしたら谷口は、シブリン北壁の美しさだけでなく、この土地にも惹かれていたのではないかと考える。シブリンはガルワール・ヒマラヤにあり、ガンゴトリ氷河の入り口にそびえる。この氷河の舌端はゴームク（日本語にすると牛の口）と呼ばれ、バギラティ川の水源だ。バギラティ川はやがてガンジス川に注ぐ。この聖なる地に、大勢のヒンドゥー教徒が巡礼にやってくる。そして彼らはその奥にある草地に登り、シヴァ神の創造の象徴とされるシブリンを仰ぐのだ。そんな地に興味を示すような旅心も、谷口にはあった。

シブリンは、世界中のクライマーの憧れだった。当時、ヒマラヤでの登攀経験が少なかった二人にとっては、大きな一歩だった。「お前なんかに登れるわけがない」という声も聞いた。けれど、行ってみないとわからないではないか、と谷口も平出も思っていた。

そして、みごと二人は、シブリン北壁の新ルートを拓き、北西稜を下降した。このときの谷口の話が印象深い。

「ベースキャンプに入ってすぐに北壁を見上げたときは、とても登れないと思った。けれど何日も眺めるうちに、私自身も場の環境に慣れてきて、自然とラインが見いだせるようになった。だんだんと山と友達になっていくような感覚だった」。けれどそれはたやすいことではない。「先人たちの困難で偉大なラインは無理だとしても、いまの私たちだから登れるラインが必ずある、と自分たちを信じ続けた」。そんな固い信念があったようだ。

しかし、この登山では失敗もあった。二人とも凍傷になり、平出は足の指を失った。私が帰国後の二人に会ったのは、治療中の病院だった。平出は谷口に「反省会をしよう」と言った。それを谷口はとても喜んでいた。失敗し失ったものもあるけれど、反省会は次へと踏み出す前向きな行為。それを谷口は喜んだのだろう。

僕の夢を奪い取った人

ヒマラヤ登山では谷口は平出と組むことが多かったが、国内ではじつにいろいろな人と登った。その様子を見るに、谷口が人に好かれる性格であり、登山に一所懸命だったことがうかがい知れる。また、パートナーが多かったことが、彼女のクライマーとしての幅を広げたようにも感じる。

登山用具メーカーのパタゴニアに勤務する鈴木啓紀《ひろき》も、パートナーの一人だ。あるとき谷口から「冬壁に一緒に行こうよ」と誘いがあったという。初めて二人で登ったのは平成18（06）年3月の北アルプス・唐沢《からさわ》岳幕岩《まくいわ》だった。鈴木いわく、「楽しくて楽しくて仕方なかった」。あるピッチでリードしていた谷口が、ビレイしていた鈴木を越えて派手に落ちた。けれど、谷口はそれを意に介することもなく、再び登りだした。本人もパートナーもケガをしたわけではない。支点も壊れていない。ロープなどの装備にも異常はない。だったら登り返すだけ、という気持ちだったのだろう。その切り替えの早さや前向きなところが谷口らしい。鈴木は、テントの中で音楽を聴いて楽しかったのも覚えている。冬壁の陰鬱な雰囲気ではなく、明るい3日間だった。

鈴木とは、アラスカのルース氷河やカヒルトナ氷河にも行った。カヒルトナ氷河へ行った平成21(09)年は思うような登攀ができず、二人ともどこか気持ちのやり場を失っていた。隣には、快進撃を続ける友人たちのテントがあったことも、自分たちのふがいなさを際立てたのかもしれない。しかし二人ともその状況から逃げはしなかった。自分たちの登攀について、時間をかけて腹を割って話し合った。「自分にも相手にも正直に話し合ったからこそ、僕たちはまた一緒に登ることができました」と鈴木は言う。3年後、ランシサ・リ(ネパール)へ向かった。谷口について語る鈴木の言葉が印象的だった。

「心の強さ、人間としての強さがあった。アルパインクライマーが悪いところに強いのは当たり前。落ちないのも当然。彼女はたとえ高グレードを登らないとしても、その『当然の強さ』を常に最大限に発揮した。それが彼女の強味である」

平成20(08)年には、インドにあるカメット南東壁を平出と初登攀した。カメットは隔絶された地にあり、ベースキャンプからも南東壁は見えない。天候も安定せず、なかなかチャンスは巡ってこなかった。そのようななかで安定した粘りを見せ、谷口と平出は登攀を成し遂げ、日本人初となるピオレドール賞を受賞した。このとき、故一村文隆《いちむらふみたか》、佐藤裕《ゆう》介《すけ》、天野《あまの》和明《かずあき》によるカランカ（インド）北壁も同時に受賞している。また谷口は、女性として世界初の受賞だった。フランスのシャモニーで行なわれた授賞式では、谷口は着物を着て舞台に立った。

授賞式の翌日、北米の山を登るために旅立つとき谷口は、「平出くん、おめでとう」と言った。まるで他人事のように聞こえるその台詞に、平出は、谷口はカメット南東壁に満足していないのだと感じた。平出が計画した登山であり、終始平出がリードしていたからだろうか。カメットの山頂で平出は谷口に向かって「What's next？」と投げかけた。二人で将来のクライミングについてよく話した。

「ちょうど同じころヒマラヤを登り始めました。同じ目線でステップアップできたから、見るもの触るものすべての感動を共有でき、同じ波長で登山ができました。二人ともほかの人とロープを組むことも多く、そこで得た経験を二人のクライミングに還元でき、それが倍増の効果となったと思います。真のクライミングのパートナーは、人生のなかでそう多くは出会えません。谷口さんとはタイミングも感覚も合致し、よいパートナーだったと思います」と平出は語る。

その後も平成25（13）年まで海外遠征を共にするが、平成23（11）年のナムナニ（中国チベット自治区）のころから谷口は「厳しい自然とどのように対峙するか、弱い自分とどう向き合うか」と、頻繁に口にするようになった。平出との登山のほとんどは、彼が発案したものだったが、谷口はそれに上手に乗り集中する人だった。登山は、計画立案した者には大きなモチベーションがあり、その発案に価値がある。しかし谷口ほど、他者の計画をまるで自分の計画かと思わせるぐらい夢中になるとしたら、それはパートナーにとってもうれしいことだろう。平出は「谷口さんは、僕の夢を奪い取った人です」と言う。平出だからこその言葉だ。人の夢を奪い取るかのように、その登山と夢に惚れ込み集中して登ってきた。

やがて平出は、「自分で計画することも充分できるよ。やってみたら」と谷口に話すようになった。いまになって平出は言う。

「僕はいつか、谷口さんの計画に僕を誘ってくれるのではないかと期待していたんです。谷口さんが好きだったアラスカの山とか」。平出の言葉があってかどうかわからないが、平成26（14）年には、クライマーである和田淳二《じゅんじ》とルース氷河に戻り、4本ものルートを拓いた。この和田との登攀で「ピオレドール・アジア賞」を受賞した。

翌平成27（15）年の秋、和田と東ネパールの未踏峰をめざした。ギリギリまで粘り苦戦

上／シスパーレに向かうパキスタンの山里で。子どもたちに向ける笑顔が優しい　右中／シャモニーで開かれたピオレドール授賞式。同時に受賞したカランカチームと　右下／生前に谷口が書いた言葉は、まさに谷口の人生を表わしている　左下／カメット南東壁初登攀成功後に平出和也と（写真・提供4点＝平出和也）

したが登れず、二人は帰ってきた。バックキャラバンも長く、途中で衛星電話が通じなくなり、チェックポストでは彼らが通過した記録が得られず、カトマンズではいっとき、遭難したかと心配された。

谷口と和田は、このパンドラという名の未踏峰に翌年に戻ってくることを決めた。海外の高峰、遠征では、そのとき、その場で全力を尽くす。登れなくても同じ山には二度と行かないと語っていた谷口にしては珍しい決断だ。そのためにカトマンズに装備をデポし、私たちに早くもその計画の詳細を語り始めていた。このときばかりは心を残してきてしまったようだった。

谷口が亡くなるのは、この2カ月後。彼女が再びパンドラに戻ることはなかった。その代わりに、和田と前述の鈴木、大石らがパンドラに戻ろうと心に決めている。

晩年際立つ美しさと、われを通す生き方

谷口が、IWNCという野外活動を活用した企業向け人材組織開発を行なう会社でファシリテーターの仕事を始めたのは、平成12（00）年のことだった。同僚の和田祐司《ゆうじ》は「彼女の生きざまが参加者たちに大いなる刺激をもたらした」と言う。アルパインツアーサー

ビスでのツアーリーダーの仕事も長かった。同社社長の芹澤《せりざわ》健一はこう話す。
「類いまれな人物。彼女の手にかかればどんなお客様も山旅を楽しんでくれる。誰に対しても、またどんな国や文化に対しても、常にニュートラルな位置にいる。だからどんな状況下でもうまく対処し、切り抜けられた。その才覚は元来備わっていたのだろうけれど、晩年は際立っていた」

40歳を越え、自分のことだけでなく、他者の役に立ちたいと公言していた谷口は、国立登山研修所講師の仕事にも意欲的に取り組み、多くの若い女性登山者の指導をした。平成26（14）年には、日本山岳会の学生部女子ムスタン登山隊に指導者として同行した。

メンバーの一人、長谷川恵理は「キャラバン中に進退窮まったとき、私たちが2日間かけて話し合うのをじっと待っていてくれた」と思い起こす。初めてのヒマラヤで谷口と一緒だったことは、彼女らにとって一生の財産になるだろう。

谷口の最後は、北海道黒岳だった。北海道に出発する前の晩、北杜市の谷口の家に登山仲間の女性たちが集まった。明日からの北海道はスキーを使った登山になることを、薪ストーブを囲みながら谷口は話してくれた。

晩年は生き急いでいたのかと思うほどの活躍で、多忙を極めていた。山でも街でも携帯していた手帳には、小さな文字でページいっぱいに予定が書いてあった。人との関係を大切にする人であり、山で亡くなった仲間の家族には、時間を惜しまず会いに行っていた。丸っこい独特の筆跡で、いつそんな時間があるのかと思うほど筆まめに、友人たちに便りを出した。外国人クライマーとの交流も盛んで、日本のクライマー、日本の山岳の環境を海外に知らしめたのは、彼女の功績が大きい。それは英語力に長けていただけでなく、谷口のコミュニケーション能力の高さや好奇心、人柄によるものだろう。

毎年正月に、葉書大の色のついたカードに一年の抱負を書いていた。本人に聞くと、年末年始の山行のテントの中で書き、下山後に清書していたそうだ。彼女が亡くなったあと、仲間たちで家の片付けをしたときに9年間分のそれが部屋から出てきた。最後となった平成27(15)年のカードには、こんなことが書いてあった。その一部を引用する。

・もっと地球に近く生きたい/限りなく自然エネルギーだけで生きる
・新しい命を大切に想いたい
・毎日うたう、よむ、きく、わらう

享年43。人生を四季にたとえるとしたら、初秋だろうか。夏の日差しが優しく残るなか黄金の稲穂が波打つ田で、収獲期が近かった。43年間一つ一つ積み重ねたものを、谷口は大切に手に取り始めていた。紅や黄に輝く山々の美しさも味わっていた。そして谷口は、これからのクライミングについて、人生についてもごく近しい人に語っていた。長生きしてくれたらどんなにチャーミングなおばあちゃんになっただろう。

同い年の水上は、若きころの谷口の手紙を読み返し、20代初めの彼女が自立したい一心で一人暮らしを始めたころを振り返った。「この年になればわかる。当時の彼女はただただ闘っていた。がむしゃらに生きていたんだ」と。若くして立派な生活者でもあった。「われを通す」という言葉を使ったのは鈴木だ。自分の人生を自分の手でつくり、自分の考えを貫くとき、彼女には常に確固たる自分があった。だから、われを通すときにも周囲は協力的で、愛された。

谷口が生前に『Alpinist』(アメリカの山岳雑誌）に書いた言葉がある。「できるだけシンプルに、そして静かに、美しいラインを描きたい」。これぞ、谷口の理想の登攀だった。谷口のこの言葉は、ポーランドの登山家ヴォイテク・クルティカについて書かれた『アート・オブ・フリーダム』(ベルナデット・マクドナルド著／恩田真砂美訳／山と溪谷社）で、クルティカの登攀哲学とも共鳴する、として引用されている。

亡くなる間際の数年間、谷口の顔だちは一段と凛々しく鮮やかだった。自分を求めるなかで、削ぎ落とされた無駄のない人生は美しく、彼女の登攀にも、また仕事の姿勢にも、人への愛情にもよくよく表われていた。真剣に物事と関わる者を、周囲もサポートする。心から人を愛する者は、人からも深く愛される。そんな人生だった。

谷口けい（桂）の生涯

S47（1972）	0歳	和歌山県に生まれる
S54（1979）	6歳	我孫子市立安孫子第四小学校入学、高学年では陸上部に入部
S60（1985）	13歳	我孫子市立白山中学校入学
S63（1988）	16歳	千葉県立小金高校入学、友人と自転車旅行にいそしむ アメリカを旅する（サンフランシスコ、コロラド、シカゴ、ボストン）
H1（1989）	17歳	フィリピンを旅する
H2（1990）	18歳	アメリカ・カンザス州のライオンズ・ハイスクールに1年間留学
H3（1991）	19歳	千葉県立小金高校卒業
H4（1992）	20歳	年始に実家を出て九州を旅する。一人暮らしに
H5（1993）	21歳	明治大学文学部二部史学地理学科入学 明治大学サイクリスツツーリングクラブ入部 国内外のツーリング旅行
H10（1998）	26歳	明治大学文学部二部史学地理学科卒業
H12（2000）	28歳	京葉山の会入会
H13（2001）	29歳	デナリ（6190m、アラスカ）登頂 伊豆アドベンチャーレース優勝 エコ・チャレンジ（ニュージーランド）11位
H14（2002）	30歳	野口健エベレスト清掃登山参加 日本山岳耐久レース女子3位
H15（2003）	31歳	野口健エベレスト清掃登山参加 エクストリームアドベンチャーレース3位（グアム）
H16（2004）	32歳	ゴールデンピーク（7027m、パキスタン）北西稜初登攀 ライラピーク（6096m、パキスタン）東壁新ルート初登攀 セントラルパシフィックチャレンジ（コスタリカ）敢闘賞
H17（2005）	33歳	ムスターグアタ（7546m、中国新疆ウイグル自治区）東稜第2登 シブリン（6543m、インド）北壁新ルート初登攀
H18（2006）	34歳	マナスル（8163m、ネパール）登頂
H19（2007）	35歳	エベレスト（8848m、中国チベット自治区）登頂
H20（2008）	36歳	カメット（7756m、インド）南東壁初登攀、日本スポーツ賞（読売新聞社）受賞
H21（2009）	37歳	ピオレドール賞受賞（女性初の受賞） キンヤン・キッシュ東峰（7400m、パキスタン）新ルート ガウリシャンカール（7134m、ネパール）新ルート
H23（2011）	39歳	フランシス峰（3185m、アラスカ）南西稜 カヒルトナクィーン（3773m、アラスカ）西壁登攀 ナムナニ（7694m、中国チベット自治区）南壁初登攀
H24（2012）	40歳	ランシサ・リ（6427m、ネパール）
H25（2013）	41歳	ディラン（7257m、パキスタン）登頂 シスパーレ（7611m、パキスタン）南西壁
H26（2014）	42歳	ルース氷河（アラスカ）にて4本の新ルート開拓 日本山岳会学生部女子ムスタン登山隊に指導者として同行し、マンセイル（6242m、ネパール）初登頂 ピオレドール・アジア賞受賞
H27（2015）	43歳	パンドラ（6850m、ネパール）東壁 12月21日、黒岳（1984m、北海道大雪）で滑落し、死亡

野口啓代

平成元年に生まれ、平成を登った野口啓代。
引っ込み思案でおとなしかった少女は、
クライミングによって自信をもち、
世界を舞台に活躍、クライミングを
メジャーなものへと押し上げた。
競技生活にピリオドを打ったいま、思うこととは。

令和3年東京オリンピック。女子複合決勝（写真＝朝日新聞社）

のぐち・あきよ　平成元（1989）年生まれ。11歳でクライミングを体験。平成20（2008）年、日本人初のボルダリングワールドカップ優勝。平成21、22、26、27年に年間総合優勝。ワールドカップ優勝は通算21回。令和3（21）年東京オリンピック銅メダル。

真の競技者、スポーツクライミングの牽引者として

平成元（1989）年5月30日、野口啓代は生まれた。11歳のとき、グアムのゲームセンターで初めてクライミングを体験したことが、野口のクライミング人生のはじまり。以来、国内外のコンペで目覚ましく躍進した。平成元年に生まれ、平成が終わるまでコンペシーンのトップにあり続けた。令和になってもそのポジションを維持し、令和3（2021）年に開催された東京オリンピックのスポーツクライミング女子複合で銅メダルを獲得した。野口はまさに「平成を登った女性」である。また、野口の活躍は、クライミング競技の隆盛にも影響を与えた。

野口がクライミングを初めて体験した平成12（00）年は、いまほどは世の中でスポーツクライミングが広まっていなかった。クライミングジムの数も少ない。いまのように、テレビなど一般のメディアにスポーツクライミングが取り上げられる機会も、まずなかった。これほどまでにスポーツクライミングが世に知れ渡ったのは、野口啓代というアイコンが果たした役割も大きかっただろう。

牧場育ちのおてんばがクライミングに出会う

野口の両親は、茨城県龍ケ崎市で牧場を営んでいた。最盛期は600頭以上もの牛を飼い、牛舎も多くあった。自家の裏手に広がる大きな敷地は野口の遊び場であり、小さなころから野原を駆け回り、木登りどころか牛舎の屋根にも登るおてんばな女の子だった。父・健司《けんじ》のことが大好きで、学校から帰ると広大な牧場で仕事をする父を探しては、一緒にトラクターに乗ったりしていた。

野口には年子の妹と、さらに1歳離れた弟がいる。両親と合わせて5人家族。野口のクライミング人生の始まりとなるグアム旅行は、家族5人で出かけた。

グアムのゲームセンターにあったクライミングウォールの前を通りかかり、登ってみた。子ども用のルートは、すぐに登ることができた。本人いわく、「木登りをするようだった」。しかし、大人用にはてこずり完登できなかったが、なかなか登れず苦労したことが、かえって野口を刺激したようだ。もっと登ってみたい。そう思うようになった。

帰国後、健司は二人の娘と連れ立って、つくば市にできたクライミングジムに通った。やがて、中学校に進学する野口が帰宅後にすぐ登れるように、自宅敷地内にある牛舎を改造してクライミングウォールをつくった。当時を振り返り、健司は「本当は自分が登りたかったんだよね。けれどあっという間に啓代に抜かれ、そして私は肩を壊してしまい、あまり登らなくなったんだ」と言う。

一緒に始めた妹について健司は、「啓代よりセンスがあるように見えたんだけれどね」と言うが、妹はテニス部がおもしろくなり、クライミングから遠ざかった。結局、家族のなかでクライミングを続けたのは啓代だけだった。

クライミングとの出会いがやがてホンモノに

クライミングウォールが設置された建物のドアを開けると、前室のような空間があり、野口のポスターが所狭しと貼ってあった。

クライミングウォールの規模は、プライベートなものとしてはとても大きいが、山を登る私から見ると、この閉ざされた空間でひたすら登り続けることに驚きを覚える。またここから世界チャンピオンが生まれたことを思うと、感慨深かった。プライベートウォールは、4度にわたって大きく改装された。最初はいまの半分のサイズであり、5×10mほどの四角い部屋のすべての壁が、クライミングウォールになっていた。

初期のころ、この「野口牧場のクライミングウォール」に誘われて通っていたのが、立木《ついき》孝明だ。平成14（02）年から平成17（05）年ごろのこと。立木は当時からルートセットの仕事をしていたが、同時にワールドカップに出る現役のコンペクライマーでもあった。野口のためにルートセットするとはいえ、自分の練習にもなる恵まれた壁があるのは、立木にも好都合だった。ともかく難しいルートをつくることが、野口からのオーダーだった。高さは出せないので、いわゆる「ナガモノ」と呼ばれる、トラバース気味に壁をグルグル回りながら登るルートを、立木はいくつもつくった。1本がだいたい60手。5・12cから13aぐらいのグレードのものを数種類つくり、できるようになると2本、3本とリンクさせていく。さらに長いルートとなるようにした。コーナーは休んで楽をしやすいので、わざと休めないようなホールドにしたりして、難易度を上げた。

のちに、この部屋は2倍以上の大きさになった。野口にとっての原点であり、よりどころである。いまでも練習の大半がここだ、という。営業ジムと違って、好きなタイミングで好きなようにホールドを変えることができる。それはすなわち無限にルートをつくれるということ。しかしこの閉ざされた空間で、自分に向き合いクライミングを続けるのは、到底凡人にはできないように思われた。

日本人初の国際山岳連盟インターナショナル・ルートセッターとして30年近く活動して

いる東秀磯《ひがしひでき》は、興味深い話を聞かせてくれた。日本代表チームがトレーニングのため、オーストリアのコーチのもとを訪れたときのこと。到着するなりコーチは、トレーニングに使う人工壁のスペースを指さし、「この狭い空間の壁で、40分間一度も降りずにひたすら登り続けられる者以外は、いますぐ帰国しろ」と言った。むろんそこで野口は、黙々といつまでも壁に張り付いていられたのだという。そういう集中力が野口にはある。

しかし初期の野口は、それほど練習に一所懸命だったわけでもない。ごく普通の中学生であり、父が見つけてきたコンペに出場していた。コンペ以外に練習をすることは少なく、一つのコンペが終わり、次に登るのは次のコンペのときということもあった。

それでも平成15（03）年には、国内のボルダリングコンペB-Sessionで年間優勝し、めきめきと頭角を現わしていった。

「世界を手に入れるのも夢ではない」と思えた

意識が変わってきたのは、平成17（05）年、野口が16歳のときだ。ミュンヘンで行なわれた世界選手権に、小林由佳《ゆか》、真達朋子《まだてともこ》と共に出場が決まった。小林は野口より2歳年上。クライミングのコンペシーンには野口よりもひと足早く現われた。小林は主にリードで活躍した。小林は13歳で日本最高峰であるジャパンツアー第1戦を史上最年少で優勝し、その後4年間、国内無敗の18連勝を達成した。以後、世界に舞台を移すと、そこでもトップレベルで活躍した。真達も同世代のクライマーであり、野口と共にワールドカップや世界選手権に出場していた。

野口はこの二人とコンペの場を共にしたことも影響したのか、日本を代表して、世界に出て戦うことに、いままで以上に自覚が芽生えた。自分なりに練習を重ね、結果はリードで3位だった。

「努力したことが、結果となって返ってくるのがうれしかったです。もっとがんばってみよう、世界を手に入れるのも夢ではないと思えるようになりました」と、野口は当時の気持ちを率直に語る。

振り返れば、このときが野口にとって、真のコンペクライマーとしてのスタートだったのかもしれない。それは、努力すれば結果を導き出せると自覚し、自らトレーニングに励んだ本人にとっても、また客観的に見ても野口のクライミングを世界に印象づける、最初の出来事でもあった。

当時、野口牧場のクライミングウォールで一緒に登っていた立木は、野口のフィジカル面のポテンシャルを強調する。

「リーチがあり、柔軟性もある分、啓代ちゃんのフィジカルな強さは目立たないです。けれどフィジカルクライマーだという印象は当初からもっていました」

生来、体が強いクライマーだという意味だ。

「彼女はなによりも前腕が強い。クライマーにとって体の先の部分が強いことは大きく有利です。前腕が強いのは、指先に持久的なパワーがあるということ。啓代ちゃんの場合、パンプしてからが長い。普通はパンプすると肘が上がって登れなくなるけれど、彼女は肘が上がろうが登り続けられるんですよね」

さらに立木は、世界大会の初戦となったミュンヘンの世界選手権では、リードで3位をとった点にも注目してほしいと話す。

「いまの啓代ちゃんはボルダラーの印象が強いだろうけれど、僕としては、もっとリードにも取り組んでもらいたかったですね。きっといいリードクライマーになったと思います。けれど、ボルダーとリードを両立させるのは、試合日程を考えるときついです。のちにボルダーで成績を残していき、自然とボルダーへの道を進んだのかと思います」

平山ユージにとっても、野口の第一印象は、このミュンヘン大会だった。

平山は10代で欧米に渡りクライミング修業をし、20歳からは国際大会で好成績を残してきた。平成10（98）年にワールドカップで日本人で初めて総合優勝を果たしたクライマーだ。コンペクライミング、アメリカ・ヨセミテなどのビッグウォール、各地の高難度ルートなどで活躍し、50歳を越えたいまも日本のクライミング界を牽引する。その平山は、当時の野口についてこう語る。

「当時はおとなしくて、部屋の隅っこに座っている子だったけれど、いざ壁に取り付いたら鮮やかなクライミングを見せてくれました。印象的で、これは将来性があると思いました」

「当時は、日本人が世界で互角に戦えるとは思われていませんでした。確かにユージは活躍していたけれど、若くしてフランスに渡った彼は特別視されていました。けれど啓代ちゃんの活躍によって、日本人も戦えるんだと示されたことは、クライミング界にとって大きな出来事でした。啓代ちゃんは、まぎれもなく、いまの日本人勢の強さを牽引した先人の一人です」。こう語るのは、前述の東だ。

それからの野口は、着々と実績をあげていく。平成20（08）年には、モントーバン（フランス）で、日本人初のワールドカップボルダリング優勝を果たす。平成21（09）年と平成22（10）年は、ワールドカップボルダリング年間1位を獲得する。

国内でもクライミングの認知度が上がり、クライミングジムも増え始めたころだ。

東は言う。「以前は、クライミングコンペの中心はリードでした。ボルダリングは後発。けれど啓代ちゃんの活躍と、ボルダリングが主流へと躍り出てくることが、時代的に一致しました」
時代の流れもまた、野口が活躍する後押しをしたのだろうか。

二度のスランプ。気持ちの切り替えと、吹っ切ること

順風満帆に見える野口だが、本人いわく、大きなスランプは二度あった。

一度目は、平成26（14）年。野口はワールドカップの優勝に返り咲くことと、世界選手権の優勝を目標としていた。しかし、8試合あったワールドカップの前半4試合では、表彰台には上がるが優勝はできなかった。「これ以上ボルダーの試合に出たくない」とすら、野口は周囲にもらした。そのとき、仲間である安間佐千《あんまさち》が野口のためにルートをつくった。野口と安間との付き合いは、ユースのころからと長い。野口はコンペに集中したが、安間は岩場でのクライミングにも注力し、やがてコンペから離れていく。けれど、長年野口を見てきたことから、野口が楽しんで登れるルートをいくつも用意できた。それは決して甘やかしたわけではなく、安間のルートを登ることによって、落ち込んだ野口のメンタルが上向きになるよう作用した。結果、野口は残りの4戦を全勝し、3度目の年間1位を獲得。翌年には4度目の年間1位になった。

コンペシーンにおけるルートの内容は、時代と共に大きく変化する。長年ルートセッターを務める東は、「ハリボテ（クライミングウォールにとりつける大きな構造物、ハリボテにさらにホールドをつけることも多い）が登場したのは、平成22（10）年の千葉国体のころから。いまではハリボテを多用したルートになっています。以前のルートはスタティックに登っていくもの。それがハリボテの出現によって激変しました。クライマーはこういった変化に、自分をフィットさせていかなければなりません。啓代ちゃんは、どんどん自分を進化させていくことができたのです」と評する。

これには平山も同感だ。「好きで始めたクライミング。気づいたらすごいレベルに達していた、というのが実情ではないかと思います。けれど臆することなく、その時々に出会う人、一緒に登る人たちから、素直に刺激を受けるのが彼女。自ら限界やバリアをつくらない。得られるものはなんでも得ようとする純粋な貪欲さがあります。それは、30代になったいまでも啓代ちゃんがどんどん強くなっている理由だと思います」

一方で野口は、自分自身をこんなふうに語る。

「もともと指先の力が強くて、ホールドを持つのも得意でした。けれど、時代とともにルートの内容が変わってきて、ダイナミックな動きやそれを支える高い運動能力が求められる課題も増えてきました。私はそんなに運動神経はよくなくて、センスもありませんが、それも自分のウィークポイントだと受け止めるようになりました。簡単なところからトライしたりして経験を積み重ね、努力で補ってきたと思います」

二度目のスランプは、平成27（15）年の左膝のケガだ。ワールドカップのミュンヘン大会を10日後に控え、仲間たちとクライミングジムで登っているときだった。左足腓骨周辺の靭帯負傷。大事にはならなかったが、しばらくは歩くのもつらく、クライミングはできなかった。ミュンヘン大会に出場するも、4位にとどまった。しかしこの年、野口の年間優勝はすでに決まっており、このときのケガがシーズンの戦績に大きな影響を及ぼすことはなかった。

野口のクライミング人生のなかで、初めての目立ったケガだった。

しかし時を同じくして、スポーツクライミングを東京オリンピックの追加種目として提案する話が持ち上がった。自国で開催されるオリンピックで、正式種目となるかもしれない。これは、スポーツクライマーみなにとって大きな出来事だ。ちょうどケガの3日後、東京オリンピックの種目追加検討会議で野口はスピーチをすることになっていた。国際スポーツクライミング連盟のマルコ・スコラリス会長や平山ユージらと共にこの会議に出て、スポーツクライミングの魅力や可能性を英語でスピーチした。入念な準備を重ねていた野口は、この大役をみごとやり遂げた。その後もスポーツクライミングを追加種目とするための活動に関わることが、野口の気持ちを上向きにさせた。

とはいえ、ケガからの回復が順調だったわけではない。どうやってケガと向き合いリハビリをしたらよいのかわからなくなり、戸惑った。バランスを崩し、勝てなくなった時期もあった。26歳という年齢も気になり、引退も頭をよぎった。

翌年になって、やっと優勝の成績も残せるようになり、令和元(19)年に東京オリンピック出場内定となった。周囲は完全復帰と見ていたかもしれないが、東京オリンピックに向けてメディアの注目度が日に日に増し、彼女を取り巻く環境は大きく変化していった。戦績を残せるようになっても思うように登れていないことは、野口自身がよくわかっている。周囲の期待と自分の状態を照らし合わせ、そのギャップに苦しんでいた。

当時のことを野口は自著『私とクライミング』(ソル・メディア)で、次のように記している。

「その現実から逃げるように行ったのがスイスの岩場ツアーだった。今思えば、あれは私の弱さだったと思う。(中略)弱さと向き合うというのは、自分の弱さを認め、受け止めること。この過程なしに成長は難しいと思う」

いっとき、自分の弱さに目を背けそうになりながらも、その後、野口は自分としっかり向き合い、東京オリンピックの舞台をめざす決心をした。

最後の舞台、東京オリンピック

オーストリアのアンナ・シュテール。野口とは平成19（07）年のワールドカップ・ミュンヘン大会以来共に世界で戦ってきた同世代だ。東京オリンピック前に引退したが、野口にとってはいちばん多くのコンペを共にした戦友だ。スロベニアのヤンヤ・ガンブレット。野口より10歳若く、世界最強のコンペクライマーといわれている。彼女と戦うライバルは、世界各地にいた。野口より8歳若い野中生萌《みほう》は、平成26（14）年のフランス・ラヴァル大会で、ついに優勝した。野中は野口に次いで、ボルダリングワールドカップで優勝した2人目の日本人女性となった。野中の優勝は野口にとって感慨深いものであり、大きな刺激を受けた。そして、アンナ以外の二人――ヤンヤと野中は、野口と共に東京オリンピックに出場することになった。

東京オリンピックの正式種目となったスポーツクライミングは、野口がこれまで戦ってきたボルダーのほかに、リード、スピードの3種目すべてに出場し、その合計点で競われることになった。リードはコンペ経験があったものの、ボルダーに集中していた野口にとっては、これまでとは異なる練習や調整をしなければならなかった。スピードは同じルートが2本つくられ、2人のクライマーが同時に登って、ゴールまでのスピードを争う種目だ。野口はもちろん、ほとんどの日本人選手にとってなじみのない種目だった。けっして野口が得意とする傾向のものではなかったが、野口はスピード競技にも熱心に取り組んだ。

令和2（20）年に予定されていた東京オリンピックが、新型コロナウイルス感染拡大によって1年延期になったことについては、「これで、あと1年トレーニングができる。自分を高めることができる」と思った。また、東京オリンピックで引退を決めていたので、「もう1年選手を続けられる」とも思った。自分で決めたことではあるが、引退を誰よりも寂しく思っていたのは本人だった。

結果、野口は銅メダルだった。前述のヤンヤが金メダル、野中が銀メダル。めざしていた金メダルではなかったことが、ものすごく悔しかった。試合展開を振り返ると、得意とするボルダーでよい順位は取れなかったけれど、最後に逆転してメダルまで食い込めたのでホッとした。順位が決まったとき、三人はなにを言うのでもなく、どんな言葉をかけあうでもなく、互いに抱き合って健闘をたたえた。野口はこのときのことを「いろいろなことから解放され、安堵した瞬間でした」と語った。

12歳から32歳までの、20年にも及ぶ選手生活は、幕を閉じた。20年の間、野口にはずっと次があった。コンペの戦績がよかろうが悪かろうが、次があった。一つのコンペが終わ

上／クライマーとして新たなステージに立つ野口。オリンピックを終えた令和3（21）年秋に（写真＝阿部健太郎）　右下／11歳、グアムで初めて体験したクライミング。これがすべてのはじまりだった（提供＝本人）　左下／平成26（14）年中国W杯で。ショウナ・コクシー（イギリス）とアンナ・シュテール（オーストリア）に祝福されて（写真＝小澤信太）

ると、その結果を踏まえて次を考え、行動に移すのが日常だった。だからオリンピック終了後も、つい習慣で「次は……」と、何度も考えてしまった。そのたびに「次はないんだ」と自分に言い聞かせている。けれど野口は「無理をする必要はない」とも言う。オリンピックが終わって半年たってもまだ、コンペに出る夢を見る。コンペに出るためにトレーニングをしている夢を見る。「いまでも、これまでの生活習慣から抜け出せていないのかもしれません。急に変えるのは無理であっても、徐々に引退後の自分を受け入れられるようになればよいと思っています」と野口は語る。

寂しい気持ちとプレッシャーから解放された安堵感、第二のクライミング人生へのわくわく感、いろいろな気持ちが混ざり合っている。

この先について野口は、「日本でクライミングを人気のスポーツにしたいです。子どもたちが憧れるスポーツになってほしいですし、日本人に金メダルを取ってもらいたいと思っています」と言う。クライミングというスポーツを、裾野を広くして普及させ、その頂点をもっと高めていきたいという気持ちだ。

具体的には、ユースの子どもたちの強化にも関わりたい。イベントでクライミングを指導した経験はあるけれど、一人の選手に深く関わってサポートした経験はないので、コーチングなどこれから学ぶべきこともたくさんあると考えている。これまで野口は幾人ものコーチと出会い、その時々に自分にとって必要なものを身につけてきた。体は確実によい方向へ向き、クライミングも進化していった。今度は野口が、次の世代のクライマーたちに同じようにできたらよいと考えている。また、野口がクライマーとしてのセカンドステージを歩むことによって、後輩たちに、選手を引退したあとも人生を充実させることができるのだと見せたいと野口は話す。

「これからの人たちのロールモデルになりたいです。クライミングを取り巻く社会をよりよいものにしたい。この考えは、現役時代と変わりません」

女性として。それは、自然なこと

ところで、野口は自分が女性であることをどのようにとらえてきたのだろうか。そう問いかけると、「女性特有の難しさについては、ちょっとわからなかったです。女性しか経験したことがないからでしょうか」と自然体で答えた。野口らしい回答だ。アスリートにとって、女性特有の性質とどう付き合っていくか、課題は多い。思春期を迎え、体重が増えやすい人もいる。野口は体重の変動はあまりなく、食事制限をすることもなかった。「コントロールしやすい体だった」と言う。けれど、太りやすい人はコントロールが上手くいかずその一方、痩せすぎてしまう人もいて難しい。月経との向き合い方も人それぞれだ。けれど野口は、「自分はこういう体なんだ、こういう特徴をもっているのだと理解し、それを受け入れたから、特に苦しくはありませんでした。難しい点はいろいろあるけれど、対処法も絶対にあると思うので、それを見つけることが大切だと思い続けてきました」と言う。

それは、女性特有の性質だけでなく、個々がもつ体の違いについても同じだ。本人いわく、野口は運動神経がよくない。けれどそれを自分のウィークポイントだと受け止めて、簡単なムーヴを何度もトライし、少しずつ難易度を上げていき、苦手なムーヴを克服してきた。

なかにはもっとがんばれたと思うこともあるし、成績が残せなかった大会もある。そうすると、自分に甘えがあったり、妥協しているのではないかと後悔した。けれど後悔する自分は好きではないから、日頃のトレーニングや行動を後悔のないように臨もうと心がけた。若いころは、そこまで自分を律することはできなかったけれど、歳を重ねるうちに、だんだんとできるようになってきた。それも、いまとなって振り返ってわかることなのかもしれない。

「オリンピック、これが最後と決めていました。リミットがあったからがんばり甲斐もあったし、集中していい時間を過ごせました」と野口は振り返る。

そういった一つ一つが礎となり、いまの野口をつくり上げているのだろう。

進化する勇気。もっと強くなれる自信

野口の才能はどこにあるのだろうか。父・健司に尋ねてみた。

「啓代は普通の女の子。それはいまでも変わりません。もし啓代に特別なところがあるとしたら、クライミングを継続できた点。好きなことは誰でも長く続けられます。けれど啓代がここまで続けられたのは、好きを超えたところにあるなにかが、啓代を突き動かしているとしか思えません。親から見ても、それはすごいと思います」

継続できること、これはいちばん強いのではないだろうか。それこそを、才能というのかもしれない。

野口本人はこう語っている。

「コンペが好き。それに向けてトレーニングするのが好き。結果が出ればうれしい。登れば登るほど、未完成な自分に気づく。だから、もっと上手になりたいと思い登ってきました。若いころは、いまよりも感情的でした。最近は、自分自身を少しはわかるようになっ

てきました。自分をコントロールできるようにもなりました。年齢を重ねて、回復が遅くなるなどの弱みもあります。けれど、それを上回るものもあると思っています。だからこそ、このままでいいのかと思います。もっと強くなりたい。東京オリンピックが1年延期になって、さらに1年間、自分を高める時間がもてるのでよかったと思っています。いまは、オリンピックで最高のパフォーマンスをすることしか考えていません」

これは、東京オリンピックを10カ月後に控えたときの発言だ。

「私はクライミングによって、自信がもてるようになりました。私を変えてくれた。私の人生に大きく関わるものがクライミング。クライミングのすばらしさを、多くの人に伝えたいと思います」

平山も、「僕がいまの彼女の年齢のときは、ちょうど2度目の世界チャンピオンになったころでした。けれど、時代がまったく違う。いまは早い段階で心技体を求められ、よりスポーツ性が出て高難度なコンペが繰り広げられるようになりました。そのなかにあってこんなに長くコンペシーンにいられるクライマーはまれです。いまでもどんどん強くなっていいます。啓代ちゃんのその姿は、社会的に見てクライミングが上昇気流にあるなかで、クライミングの流れをさらにブーストさせてくれます。クライミングがこんなにも世の中に広まったのは、啓代ちゃんの存在が大きいです」と言う。

後進のクライマーたちにとっても、野口は希望の存在だ。野口に憧れてクライミングを始めた伊藤ふたばは、野口のことを「自分もこうなりたいという存在。プレッシャーも大きいなかで長年にわたってモチベーションを維持し続ける姿を尊敬しています」と語る。

野口がこれほど長くコンペで女王の座に在り続けられたのは、彼女が大きく変化し、どんどん生まれ変わっていくからではないだろうか。長くそこにい続けるのは、決して自分を固定させるからではない。コンペシーンで求められる登りや身体能力も、また自分自身の心身も、年を経るとともにどんどん変わる。その変化にその時々の自分をフィットさせるには、自分自身が変わらなければならない。

東京オリンピックを終えたいま、現役コンペティターを退き、クライマーとしての第二ステージを歩み始めている。これもまた大きな変化だ。けれどこれまで野口が、どんな変化が訪れるシーンでも、自分を変容させ、進化させて歩んできたように、第二ステージでも新たな姿を見せてくれるのではないかと思う。変化していくことを恐れず、前向きに捉え歩み続けるのが、野口啓代。その鮮やかな姿は、人々に大きな勇気を与える。

野口啓代／平成・令和期の主な大会結果

H1(1989)	0歳	5月30日、野口家の長女として、茨城県龍ケ崎市に生まれる
H12(2000)	11歳	家族旅行で訪れたグアムでフリークライミングを体験する
H13(2001)	13歳	全日本ユース選手権1位
H15(2003)	14歳	B-Session 年間チャンピオン
H16(2004)	15歳	ジャパンツアー年間2位 世界ユース選手権ユースB（エディンバラ）リード4位
H17(2005)	16歳	第5回アジアユース選手権1位 第1回ボルダリング・ジャパンカップ（神戸市）1位 第19回リードジャパンカップ（加須市）1位 UIAA 世界選手権 ミュンヘン（ドイツ） リード3位、ボルダリング21位
H18(2006)	17歳	UIAA 世界ユース選手権イムスト（オーストリア）リード2位
H19(2007)	18歳	IFSC 世界選手権スペイン ボルダリング2位
H20(2008)	19歳	IFSC 世界ユース選手権（オーストラリア）リード1位 IFSC ワールドカップ モントーバン（フランス） ボルダリング1位（日本人初）
H21(2009)	20歳	IFSC ワールドカップ 加須（日本）ボルダリング1位 IFSC ワールドカップ ハル（オーストリア）ボルダリング1位 IFSC ワールドカップ アイントホーフェン（オランダ） ボルダリング1位 IFSC ワールドカップ ボルダリング年間1位★
H22(2010)	21歳	IFSC ワールドカップ ウィーン（オーストリア） ボルダリング1位 IFSC ワールドカップ ミュンヘン（ドイツ）ボルダリング1位 IFSC ワールドカップ ボルダリング年間1位（2年連続）★
H23(2011)	22歳	IFSC ワールドカップ キャンモア（カナダ）ボルダリング1位 IFSC ワールドカップ アイントホーフェン（オランダ） ボルダリング1位 IFSC ワールドカップ バルセロナ（スペイン）ボルダリング1位 IFSC ワールドカップ シェフィールド（イギリス） ボルダリング1位
H24(2012)	23歳	IFSC ワールドカップ 重慶（中国）ボルダリング1位 IFSC ワールドカップ ウィーン（オーストリア） ボルダリング1位 IFSC ワールドカップ ミュンヘン（ドイツ）ボルダリング1位
H26(2014)	25歳	IFSC ワールドカップ トロント（カナダ）ボルダリング1位 IFSC ワールドカップ ベイル（アメリカ）ボルダリング1位 IFSC ワールドカップ 海陽（中国）ボルダリング1位 IFSC ワールドカップ ラヴァル（フランス）ボルダリング1位 IFSC ワールドカップ ボルダリング年間1位（3度目）★
H27(2015)	26歳	IFSCワールドカップ 重慶（中国）ボルダリング1位 IFSCワールドカップ ボルダリング年間1位（4度目）★
H28(2016)	27歳	第11回ボルダリング・ジャパンカップ1位（通算10勝目） IFSC アジア選手権都匀（中国）リード、ボルダリング1位
H30(2018)	29歳	IFSC ワールドカップ 重慶（中国）ボルダリング1位 IFSC ワールドカップ 泰安（中国）ボルダリング1位 IFSC ワールドカップ 八王子（日本）ボルダリング1位 第1回コンバインドジャパンカップ盛岡（日本）1位 第18回アジア競技大会パレンバン（ジャカルタ）コンバインド1位
R1(2019)	30歳	IFSC 世界選手権八王子（日本） ボルダリング2位、コンバインド2位 『私とクライミング』刊行
R3(2021)	32歳	東京オリンピック3位（銅メダル）。現役引退

★ワールドカップ年間チャンピオン

遠藤由加

日本人女性初の８０００m峰無酸素登頂をはじめ、
世界的にも評価が高い８０００m峰の
アルパインクライミングを成功させながら、
あるときからヒマラヤを離れていく。
57歳となったいまもクライミングに情熱を注ぐ遠藤は
「登ること」で見たい景色があるという。

イタリア・サルディニア「ホテルスプラモンテ」を登る（写真＝米山 学）

えんどう・ゆか　昭和41（1966）年生まれ。昭和63（88）年ナンガパルバット無酸素登頂。平成6（94）年チョ・オユー南西壁に登頂後、フリークライミングに傾倒。フリークライミング・インストラクターを務めながら、国内外の壁を登る。

ただクライミングがしたいだけ

小柄で、ショートカットに笑顔が似合う元気印の遠藤由加。彼女が20代のころと、57歳になったいまと、その姿はほとんど変わらないように見える。しかし、人が抱く遠藤の印象はさまざまだ。若くしてナンガパルバット（パキスタン）をはじめいくつもの8000m峰に無酸素登頂、そして世界の登攀史に足跡を刻んだ山野井妙子とのチョ・オユー（中国チベット自治区）南西壁。こういったヒマラヤでの活躍を記憶している人もいる一方で、ひたすらフリークライミングを追求する姿を思い浮かべる人もいるだろう。

ヒマラヤでの成功の道を歩んでいながら、あるときからきっぱりとヒマラヤの高峰を離れ、フリークライミングへと傾倒していったのはなぜか。

当時、遠藤がこんなふうに語ったのが印象的だった。

「私はアルパインクライミングに向いていると思う。体力もあるし、危険を察知する能力が高い。困難なことが起きても、前向きに物事が考えられる性格だから。けれど、向き不向きとかではなく、ただ登っていたいだけなんだよね。岩に登ることをもっと追求していきたい」

登山家・クライマーとしてのはじまり

遠藤にとって初めての登山は、高校3年生の夏、教員の根本雅司に連れられて登った南アルプスだった。昭和58（1983）年のこと。北沢峠《きたざわとうげ》から仙丈ヶ岳《せんじょうがたけ》を往復し、翌日に甲《か》斐駒ヶ岳《いこまがたけ》。登頂後、仙水峠《せんすいとうげ》まで戻って鳳凰《ほうおう》三山縦走だ。全行程で2泊3日。そこそこの速足である。中学校でソフトボール部、高校ではマラソンに精を出していて体力のあった遠藤にとっては、途中、苦しい登りがあったものの、ことのほか思い出に残るものになった。地蔵岳《じぞうだけ》ではオベリスクにも登った。これが、登山家でありクライマーである遠藤由加のはじまりだった。

昭和59（84）年、遠藤の地元の神奈川県横浜市にあるベルニナ山岳会に入会。それまで、根本のあとについて丹沢《たんざわ》で沢登りをしたり、地元の鷹取山《たかとりやま》ではクライミングも始めたが、雪山には連れていってもらえなかった。仕方なく、冬になると一人で近郊の山を歩いていた。けれど、もっと登りたかった。ロープを使って岩登りもしたかった。そこで、社会人山岳会に入ろうと、山学同志会とベルニナ山岳会に入会希望届を郵送した。山学同志会は女性の入会を認めていない山岳会だったので、必然的にベルニナ山岳会に入ることになった。

入会した年の夏、北アルプスの穂高《ほたか》を訪れる。初めての本格的な岩登りだった。奥又白《おくまたしろ》池をベースに前穂高岳北尾根4峰正面壁甲南ルート、松高ルートを登る。同じ時期に、前穂高岳4峰東壁を登攀していたほかのチームの一人が墜落した。この事故で、遠藤は先輩たちと一緒に北尾根のコルを越えて涸沢《からさわ》へと連絡に向かった。携帯電話がない時代だ。事故はこうして人の足で伝えられることが多かった。先輩に「しっかり歩け」と励まされながら、涸沢へ向かった。連絡を終えると、再び一行はコルを越えて奥又白池のテントへ戻った。

初めての穂高での岩登りで事故に遭遇し、遠藤は神経をすり減らし、ショックを受けたが、登山は危ないという事実を目の前の出来事で知る機会でもあった。

高山研究所とヒマラヤ快進撃

昭和61（86）年、ベルニナ山岳会のローツェ（ネパール）隊に参加した。隊員は登頂するも、遠藤はC2以上には上がれなかった。登頂できなかったのにはさまざまな理由があるなかで、遠藤は、体力や経験が不足していることを自覚した。遠藤にとってこれは、次は絶対に登るという決意となった。

ローツェのベースキャンプで知り合った登山家で、現在は国際山岳ガイドとしても活動している遠藤晴行《はるゆき》に、由加は連絡を取る。晴行が翌年に予定していたガッシャブルムⅡ峰（パキスタン）の遠征に、参加したいと考えていたからだ。晴行から連絡があり、由加はこのあと、登山家で医師の原真《はらまこと》が主宰する高山研究所に入った。山野井妙子の項でも述べたが、高山研究所は、原が自身の高所登山経験を礎に、医師の観点から人体がどのように高所に順応していくのか、また高所順応が人体にもたらす影響について研究する施設で、名古屋にあった。晴行もここのメンバーだった。

昭和61（86）年、由加は原の診療所の寮に住み込み、高山研究所と原の仕事を手伝い生計を立て、高山研究所でトレーニングをする生活になった。提携する施設には、筋力や体力を養うトレーニング器具や、低圧低酸素室もあった。

そしてまもなく、由加は晴行と結婚する。ヒマラヤ登山経験の豊富な晴行とともにする時間は、得るものがとても大きかった。

「当時は結婚の意味もよくわからず、登山のパートナーのような気持ちだった。自分の登山を理解してくれる人とでなければ一緒に生活はできないと思っていた」と由加は言う。

高山研究所に入った年の暮れ、由加はアルゼンチンに旅立ち、年明けに南米最高峰のアコンカグアに登頂した。標高も難易度もローツェより低いが、頂に立ったことで、由加は喜びと、高山研究所でのトレーニングの成果を感じた。

昭和62（87）年のK２（パキスタン）は登頂はならなかった。天候不良と晴行の体調不良が重なった。由加は、高所や高所順応などの知識の浅さや、高山研究所のスタッフとして最後まで隊をまとめきれなかったことを悔やんだ。これまでもこの先も、由加は一つ一つの登山について、自分に足りなかった点を洗いだし、次の山を登るための教訓とする。

日本に戻ってからは耐久力強化の一環として、「パチンコ」（P20参照）と呼ばれる穂高の積雪期継続登攀、北岳《きた》や甲斐駒ヶ岳での継続登攀を繰り返した。

山に登らない日は、高山研究所にある低酸素室で毎日トレーニングし、職場と自宅の往復は走って移動、人体改造と呼ばれるほど高所登山に向けた体をつくり上げていた。

ベルニナ山岳会に入会し、本格的登山を始めたときから数えてたったの3年。経験値は低かったが、それを補うほど由加は山に夢中だった。そのトレーニングの様子は、由加の初めての著書『青春のヒマラヤ　ナンガパルバットへの道』（東京新聞出版局）に詳しい。

そして、ここからが快進撃だった。

始まりは、昭和63（88）年のナンガパルバット（パキスタン）での無酸素登頂。８０００m峰の無酸素登山は、日本人女性としては初であった。パートナーはこれまでともに歩んできた晴行。3度目のサミットプッシュで登頂を手に入れた。

しかし、このときの下降は厳しかったと、由加はいまでも話す。ホワイトアウトで視界がなく、登ってきたトレースは雪に消されていた。晴行と結んだロープだけが頼りであり、ミスは絶対に許されない。脆い露岩にハーケンを打ち込み、ビレイをしながら下降する。やがて雲がきれ、視界が開けてきた。すると、はるか下の景色が由加の目に飛び込んできた。氷河の先に幾筋もの川が流れ、その水面がキラキラと輝いている。由加の足元の雪が風に舞い上がり、七色に染まる。それは恐ろしさを感じるほどに美しい光景だった。由加はこのような光景を、これまでに二度見たという。もう一回はローツェのとき。その感覚がいまも忘れられない。当時の自分が未熟で、心身ともに限界が近かったがゆえに見えた景色。あの世の入口を垣間見たような美しさだった。

日没後はベースキャンプにいる仲間がライトで由加たちに光を送り、元気づけてくれた。ナンガパルバットの登頂に9時間、下降にも9時間かかり、夜の11時半を回ったころ、ようやくファイナルキャンプに戻った。そして二人は翌日、無事ベースキャンプに下山した。日本人女性初の8000m峰無酸素登頂は、メディアをにぎわせた。けれどそれに対して、由加も由加の周囲も冷静だった。由加は、高山研究所で高所登山を一から学び、実践した。いくつかの成果も上げた。自分から晴行に連絡をとり、自ら飛び込んでいった高山研究所であったが、このあと由加は少しずつ舵を切りながら、自身のクライミングの内容を変化させていく。原真、遠藤晴行という、登山をするうえで大きな支えを得ていた由加だったが、由加は自分の足で立ち、自分の人生を自分のものとして歩んでいった。

ナンガパルバット登頂の翌年、平成元（89）年にはガッシャブルムⅠ峰（パキスタン）、平成2（90）年のガッシャブルムⅡ峰と、3年連続で3座の8000m峰に、無酸素で登頂した。まさに快進撃だった。

世間は由加に「女性で世界初となる8000m峰14座登頂をめざすのか？」と期待するようになった。けれど由加は、タイトルを追うだけの登山や、周囲が望む価値のなかで登ることには興味がなかった。また、男性に目を向ければ、ラインホルト・メスナーがすでに昭和61（86）年に14座をコンプリートしていた。すでに誰かがやったことにも、興味はわかなかった。

由加はヒマラヤのベースキャンプで、女性初の14座をめざしていたポーランドの登山家ワンダ・ルトキェヴィッチと一緒になったときがある。エベレストに登頂した3人目の女性だ。ワンダは、自分自身の生計を立てるためにも14座をめざしていた。ポーランドでは、エベレストに登頂したことで英雄となり、その先14座に登頂すれば彼女の人生は安泰だったからだ。

「ただクライミングがしたいだけ」と屈託のない笑顔で心境を語ってくれた（写真＝柏倉陽介）

「彼女とは境遇も異なる。自分の生計を立てるためや記録のために14座をめざし、8000m峰を登り続ける程の興味はなかった」と由加は言う。

ワンダは8000m峰14座のうち8座に登頂し、9座目となるはずだったカンチェンジュンガ（ネパール）の山頂付近で行方不明となった。平成4（92）年のことだ。女性の14座サミッターが現われるのは、それから20年の歳月を経たのち。平成22（2010）年のエドゥルネ・パサバン（スペイン）だった。

ヨセミテでのビッグウォールクライミング

その後、遠藤は平成3（91）年、ブロードピーク（パキスタン）とダウラギリ（ネパール）は悪天候に見舞われ登頂できないままに終わった。

翌年、遠藤は春と秋の2回にわたってアメリカ・ヨセミテでクライミングをした。春にはクラックのショートルートを70本以上も登ったのち、ヨセミテの象徴的な大岩壁エルキャピタンを登った。昭和50（75）年に初登攀されたノーズというルートだ。遠藤にとって、初めて経験するビッグウォールクライミングだった。

秋には、同じくエルキャピタンにあるゾディアックなど難易度の高いルートを数本ソロで登った。ネイリングという技術がある。ヨセミテは花崗岩の岩場であり、クラックが発達している。そのクラックに、カムやナッツなどのデバイスを駆使し、それを支点としてラダー（アブミ。クライミングで使用するテープスリングなどでできたハシゴ）をかけ、登る技術だ。アメリカンエイドとも呼ばれている。ゾディアックでは、こういった技術も多用した。また、一人で登るため、最初は最小限の装備で登り、固定ロープを張ってから、ホールバッグに入った装備を荷上げする技術も必要だった。ポーターレッジという岩壁に吊るして使う簡易テントで、ビバークしながら登る経験もした。

遠藤は、登る技術すべてを身につけたかった。そこで新しい経験ともなる、ヨセミテでのクライミングを実行した。登ることに貪欲であった。

平成5（93）年には半年もの間、南フランス、イタリア、ドイツのフリークライミングエリアを回った。そのころ、晴行との結婚生活は解消されていた。

無二の親友とのベストクライミング。そして新境地へ

平成6（94）年は、遠藤にとって忘れがたい年である。親友である山野井妙子と、チョ・オユー南西壁にあるルートの第二登に成功した。このときの様子は山野井妙子の項にも

詳述した。当時、なぜ遠藤が妙子とチョ・オユー南西壁を登ることになったかというと、ひとこと、「山野井くんと妙子に誘われたから」と。むろん遠藤には、8000m峰のバリエーションルートへの憧れがあった。そしてアルパインスタイルで登りたかった。

アルパインスタイルの対極にあるのが、極地法と呼ばれる登山方法だ。極地法は多くの物資を投入し、一つ一つハイキャンプを設営し、荷上げのために何度もキャンプを往復しながら、やがて山頂に到達するスタイルだ。酸素ボンベを使用するケースも多い。一方のアルパインスタイルは無酸素で、荷上げ要員であるシェルパやポーターを使わず登る登山方法。物資も最小限に抑え、ワンプッシュで山頂をめざす。ダウラギリでもバリエーションルートをねらっていたが壁の状態が悪く、失敗に終わっていた。遠藤は、いつかは目標を達成したいと思っていたのだ。

妙子とは、高山研究所では入れ違いだったが、ナンガパルバットを同じ時期に別チームで登る予定になっていた。けれど直前に妙子が北アルプス・鹿島槍《かしまやり》ヶ岳で大ケガをし、実現しなかった。その後何度か国内で一緒に登るうちに、意気投合するようになった。性格も体格も正反対の二人は、とてもよいコンビであり、なにより遠藤は妙子のことも泰史のことも大好きだった。

遠藤は、チョ・オユー南西壁の成功率は「6対4」と踏んでいた。成功率は6割、死ぬことになるだろう失敗の割合は4割。しかし遠藤は、妙子とであれば、最後まで冷静にがんばることができるし、またなにがあっても一緒に登って後悔しない相手だと信じていた。と同時に、二人でいながらも、互いに一人であるという強い自覚も必要だった。どちらかが失敗をしたり、ケガや体調が急変しそれが生命に関わることになったとしても、助けられないからだ。

チョ・オユー南西壁は、遠藤にとってベストクライミングであり、成功だった。「まるで谷川岳《たにがわ》に登りにいくような感覚で登れたと思う」と回顧する。それほどシンプルな遠征だった。

その後、遠藤は平成8(96)年に、ガウリシャンカール、メンルンツェというネパール・チベット国境にある7000m級の難峰に向かうが、悪天候のためベースキャンプにもたどり着かなかった。けれど遠藤に思い残すことはなかった。妙子とのチョ・オユーで、ヒマラヤのクライミングはやりきった。それ以上望むものも、やりたいと思う気持ちもなかった。以降、アルパインクライミングから離れていった。その変わりようは鮮やかだった。けれど遠藤は、周囲が驚くほどのことをしたとは思っていない。本人にとってはまったく自然ななりゆきだった。

「登山を始めた当初から、私は岩登りがしたかった。けれどヒマラヤ登山に出会って、その世界へと惹かれていった。ナンガパルバット無酸素登頂など成功もあったけれど、理想の登り、自分が思い描いた完成形ではなかった。けれどそれも、妙子とのチョ・オユーでやりきることができて、思い残すことはなかったし楽しかった。これでやっと岩登りに専念できると思った」と遠藤は語る。

令和3（21）年10月、山野井泰史が、ピオレドール生涯功労賞を受賞した知らせを聞いたとき、遠藤はとてもうれしかった。

「山野井くんは、名誉や他人の評価を欲しがる人ではないけれど、親を喜ばせることができたのがよかったと思った。それに、これまでの受賞者は山野井くんが憧れる登山家たち。彼らと同等の評価を得たことは、本人だってうれしかったに違いない」

けれど遠藤は、泰史の周囲がお祝いで騒がしくなるのを遠目に見ていた。いつか直接会って祝福できればそれでいいと思っていた。しばらくたってから、遠藤は二人の家を訪ねた。とても久しぶりだったけれど、まったく違和感はなく、互いのクライミングの話をすぐにできたことがうれしかった。「私にも親しい友人はいるけれど、山野井くんや妙子との関係性は貴重。なかなかない」と遠藤は言う。

遠藤が泰史に持っていったお祝いの品は、昆虫の標本だった。泰史は大の昆虫好きである。遠藤も生き物はなんでも好きだ。ちょうどいま、遠藤が4度目の結婚をし一緒に暮らす相手も昆虫好きだ。夫のコレクションから泰史が喜びそうな昆虫を選び出し、手作りの標本にしたという。むろん泰史は大喜びだった。現在の夫のことを遠藤は、「彼は珍獣好きなんです。私のことを規格外の生き物だと思っているようです」と笑っていた。

限界を超えたところから見える景色

遠藤はこれまでの大半の時間を、山岳ガイドやフリークライミング・インストラクターとして身を立ててきた。初めて山岳ガイドの仕事をしたのは20歳のころ。現在のように山岳ガイド資格を取得し仕事とする日本人はまだ少なく、故笠松美和子と並んで女性の山岳ガイドはしりの時代だった。

いま遠藤は、（公社）日本山岳ガイド協会のフリークライミングインストラクターの資格を有し、クライミングジムや岩場でのクライミングのインストラクションを生業としている。遠藤が自身のクライミングに厳しく妥協がないように、生徒たちに時には厳しい助言もする。けれどそれは、遠藤のクライミングへの愛情、生徒たちへの愛情からくるもので、遠藤はクライミングの本質を知ってもらいたいと思っている。そんな遠藤の指導を求める生徒は、絶えることがない。

「クライミングのほかにやりたいことがまったくないわけではない。けれどそれがクライミングに悪影響を及ぼすと思うと、チョイスは簡単。クライミングを選ぶ」と断言する。

57歳になったいま、遠藤には目標にしているルートがいくつかある。しかしその目標は、その先にあるクライマーとしてどうありたいか、思い描く理想像にたどりつくための通過点だとも考えている。

現在の目標は、スペインのロデリャルという岩場にあるルート、「フロリダ」だ。グレードは8c／5・14b。自身の限界を超える内容だ。

「限界を超える瞬間がたまらなく好き。それを感じたくて、より困難なところへ、本能が向かおうとしてしまうのです」

これまでも自分をプッシュし、限界を超えてきた。けれど遠藤はこう語る。

「自分がやっとの思いで見た世界のその先には、どんな世界があるのだろうと思ってしまう。だから、一つ達成すると、その次となるんですよね」

フロリダに通い始めて足かけ9年になる。令和4（22）年、久しぶりに再訪する。

通い始めて2年目、一カ所だけがつながらず、完登できなかった。けれどこれは登れるなと思った。しかし、それから肩の手術をして2年間空いてしまった。次のときにはフィ

上／スペイン・ロデリャル「フロリダ」（写真＝米山 学）　右下／自宅に設置したトレーニング用のウォールで　左下／山野井妙子とのチョ・オユー南西壁登攀（2点提供＝本人）

ジカルが落ちていて、登れなかった。その後、岩の状態が悪くルートに取り付くことができないシーズンもあった。そして、そのまま新型コロナウイルスのパンデミックに突入し、さらに2年が空いた。

「登れるチャンスはあった。それでも登れなかったのが現実。自分にとって越えたくても越え難い壁だと思っている。足かけ9年。私の年齢の9年は大きい。完登は難しいのかもしれない。完登することは重要だけれど、それと同じくらい大切なことが自分のなかにある。いまできる限りを全力でする。いま死んでも後悔しない生き方をする。これが私のモットーだから」

新型コロナウイルスの感染拡大で外出を自粛していたころ、遠藤は、家でできることとして筋力トレーニングに励んでいた。クライマーとしての自分を分析して、パワーが劣っていると感じたからだ。いままでもさぞやってきただろうけれど、それまでは筋力以外の要素、テクニックやルートを登りきる戦略面、メンタルを重視していた。長いツアーのなかで登るべきタイミングにピークをもっていく術も身につけてきた。これはフロリダに登るためでもあり、その先のクライミングを描くためである。

いまもクライミングが生活のすべて

クライミングは時代と共に、高難度ルートに求められる能力も変わってきている。そのなかで遠藤はいま、目標を登るためにも「ハイパワーエンデュランス」を強化したいと考えている。最大出力を出し続けながら動く能力のことだ。

そのため、遠藤はクライミングジムや岩場で高い実力をもった知人を見つけると、積極的に尋ねていく。「安間佐千《あんまさち》くんに、海外ツアーで世界最難クラスのルートに行く前はどんなトレーニングをやっているの？と聞くこともありました。佐千くんも細身で、タイプとしては私と共通する点があると考えたから。樋口純裕《まさひろ》くんに、アドバイスをもらうこともありました」と。安間は、かつてワールドカップで連勝していたクライマーであり、いまは岩場での高難度クライミングを続けている。樋口は、長年にわたってワールドカップで戦い続けている現役のクライマーだ。二人とも、遠藤より約四半世紀あとに生まれた若者たちだ。

伊藤秀和は、日本のフリークライミング界をコーチングの面で牽引する人物だ。

「ヒデは同業者だけれど、費用を払って現代的な動きの課題をつくってもらい練習したり、有効なトレーニング方法を教えてもらいました」

時にはクライミングジムに居合わせた子どもに、「いまの課題、もう一度やってみて」と声をかけることもある。自分にはうまくできないけれど横にうまくできる人がいれば、相手が誰であっても、そこからヒントを得られないか模索する。

「以前は自力で登ってゆくのが当然の時代だったけれど、他人からのアドバイスは時に有効。自分のことほど見えないことは多いから」

遠藤は令和3（21）年、屋久島にある「水の山」というルートを登った。全部で11ピッチあり、平成10（98）年に、白水《しろうず》高宏（平成27年没）と、クライマーでカメラマンの飯山健治《けんじ》が開拓したルートだ。今回は遠藤と飯山で、23年ぶりの再登となった。上部のブッシュ帯に、岩をつないだ新たなラインも開拓した、新生「水の山」である。遠藤の目標は全ピッチを完登することと、新しいラインをオンサイトすることであり、それを成し遂げた。

23年間手つかずの岩から得られる情報は皆無に等しい。岩は、風化して脆くチョークの跡もなかった。遠藤にとっては、アルパインクライミング、ヒマラヤでのクライミング、ヨセミテなどのビッグウォールクライミング、コンペティション、ボルダー、スポーツクライミングなど、これまで遠藤が実践してきたあらゆる分野のクライミングで培った能力を総動員させて登った。

「おもしろかった。恐怖感や危険を受け入れ集中力を切らさずにがんばった。これこそが岩登りなんだと、心が躍る日々だった」と、とてもうれしそうだ。

「いまの時代、山の業界で生きていくためには有名にならなければならないと言う人もいるかもしれないけれど、私はそこには興味がなかった。オリンピックに向けて、強化選手のコーチになるための資格を取らないかと勧められたときもあったけれど、それにも興味がなかった。いまの仕事で自分のやりたいクライミングが充分できるから」と語る。

8000m峰14座登頂をめざせと言われたときも、それを遠ざけた。ある年は、次のコンペに出ればクライミングの国内年間チャンピオンが充分に狙えたけれど、登りたい岩があったので最終戦には出なかった。年間チャンピオンの座よりも、登りたいルート、登りたい岩のほうが大切だった。自分の思い描くクライマーとしての姿があり、それに沿わないもの、自分が好まないもの、関心がないものは、なんの迷いもなく切り捨てた。

「この年になっても、クライミングが生活の100%近くを占めています。食べていても、寝ていても、その先にはクライミングがある。今日のクライミングの疲れをとるにはなにを食べようか。明日のクライミングのために早く寝ようと考える。あるときふと気づいたんです。ここまで一つのことに熱中できる人というのも、稀であると。ここまで好きなものがある私の人生は、幸せだと思っています」と、遠藤は明るい笑顔を見せる。

遠藤由加／主な登山・クライミング歴

S41（１９６６）	0歳	神奈川県横浜市に生まれる
S53（１９７８）	12歳	横浜市立六ツ川中学校入学、ソフトボール部入部
S56（１９８１）	15歳	神奈川県立大岡高校入学、マラソンに熱中
S58（１９８３）	17歳	高校の教諭・根本雅司に連れられて夏休みに、仙丈ヶ岳から甲斐駒ヶ岳、鳳凰三山を縦走、オベリスクにも登る。以降、丹沢の沢登りや鷹取山などにも同行する
S59（１９８４）	18歳	ベルニナ山岳会入会 初めての穂高登攀、前穂高岳北尾根４峰正面壁甲南ルート、松高ルート
S61（１９８６）	20歳	ベルニナ山岳会隊でローツェ（８４１４ｍ、ネパール）へ。隊は登頂するが、遠藤は登頂ならず 帰国後、原真の高山研究所へ アコンカグア（６９６０ｍ、アルゼンチン）登頂
S62（１９８７）	21歳	Ｋ２（８６１１ｍ、パキスタン）
S63（１９８８）	22歳	ナンガパルバット（８１２６ｍ、パキスタン）無酸素登頂（日本人女性初の８０００ｍ峰無酸素登頂）
H1（１９８９）	23歳	ガッシャブルムⅠ峰（８０６８ｍ、パキスタン）無酸素登頂 『青春のヒマラヤ　ナンガパルバットへの道』刊行
H2（１９９０）	24歳	ガッシャブルムⅡ峰（８０３５ｍ、パキスタン）無酸素登頂 アルパインガイド協会（当時）アルパインガイド資格取得
H3（１９９１）	25歳	ブロードピーク（８０５１ｍ、パキスタン） ダウラギリ（８１６７ｍ、ネパール）
H4（１９９２）	26歳	春、ヨセミテ（アメリカ）にてショートルート、ハードルートクラックのフリー70本、エルキャピタン・ノーズ完登 秋、ヨセミテにてゾディアック（Ａ３）とラーキングフィアー（Ａ３）をソロ、サラテ（Ａ３）、ゼンヤッタ・メンダータ（Ａ５）完登
H6（１９９４）	28歳	チョ・オユー（８２０１ｍ、中国チベット自治区）南西壁スイス・ポーランドルート第2登、無酸素 アコンカグア（６９６０ｍ、アルゼンチン）南壁に単独で挑む
H8（１９９６）	30歳	コロンビアアイスフィールド（カナダ）アイスクライミング ガウリシャンカール（７１３４ｍ、ネパール） メンルンツェ（７１８１ｍ、ネパール）
H10（１９９８）	32歳	ヨセミテ（アメリカ）アストロマン（５・11ｃ／11Ｐ）完登など ケニア山（５１９９ｍ、ケニア）ダイアモンドクーロワール登攀 『ロッククライミング・タクティクス50』刊行 『きっと、また登る』刊行
H13（２００１）	35歳	フランス、スイスクライミングツアー。これを機に毎年ヨーロッパやアメリカにて年間数回のクライミングツアーを行なう ジャパンツアー船橋優勝、ジャパンツアー年間ランキング３位
H16（２００４）	38歳	牛心山（４９４２ｍ、中国四川省）南東稜
H18（２００６）	40歳	ＵＩＡＡアジア選手権台湾・高雄大会６位
H19（２００７）	41歳	ＩＦＳＣワールドカップ加須（日本）19位 ＩＦＳＣアジア選手権広州（中国）10位 日本山岳ガイド協会フリークライミングインストラクター資格取得
H22（２０１０）	44歳	千葉国体リード競技個人総合1位、神奈川県チーム優勝
H25（２０１３）	47歳	イクシリア８ｂ＋／５・14ｂ（スペイン・ロデリャル）レッドポイント。自身の最難グレードの更新
H28（２０１６）	50歳	ホテルスプラモンテ８ｂ／５・13ｄ 10Ｐ ４００ｍ（イタリアサルディーニャ島）を杉野保チームで全ピッチフリー完登

2章

テーマで見る女性登山者

山小屋、山岳ガイド、山岳部をはじめ、
それぞれの世界で女性たちはどのように山に登り、
山とかかわってきたのだろうか。
さまざまな女性登山者の言葉を聞き、
その足跡をたどった。

山ガール

平成19年に始まり、
平成22年にピークを迎えたといわれる山ガールブーム。
山スカートに象徴されるような女性の登山者たちを
社会では「山ガール」と呼び、そのブームに乗る
登山業界・社会の動きやチカラもあったが、
自由にのびやかに自然を楽しむ女性たちの姿は
ブームでは終わらない。

登山の外側社会から持ち込まれた山ガールブーム

かつて山に登る女性を「山おんな」といった。対の言葉は「山おとこ」だろう。山に登る女性は少数派であり、大概は男性ばかりのグループのなかに、一人二人ぽつんといた。平成19（2007）年ごろ、「山ガール」という呼称が生まれた。けれどそれは「山おんな」に取って代わるものではなく、新たな潮流だった。山スカートなるファッションも生まれた。スカートをはいて山に登るスタイルは、黎明期のヨーロッパ登山にも見られた。しかし、女性がパンツをはく習慣のなかった往時の事情と、このときの山スカートは性質を異にする。「山に登るのにスカートをはいてもよい、山スカートをはく選択肢を加える」という表われであったから、黎明期のスカートとは真逆の発想かもしれない。山スカートは、山ガールブームの象徴だった。

ブームになると、女性向けの登山雑誌や書籍も多数発売され、参加者を女性に限定した登山ツアーも組まれた。山では、山スカートをはいた女性たちが目につくようになった。色彩は、それまでの登山用ウェアにはない鮮やかなものだった。テレビや一般の女性誌に取り上げられることも増え、山ガールという言葉は登山をしない人たちも知るところとなり、社会へと広まっていく。いいえ、ひょっとしたら逆方向の流れだったのかもしれない。山ガールという言葉は登山の外側にある社会で生まれ、登山社会に持ち込まれ、登山者たちも認識するところとなったのだ。その後、さらに広く社会へと広まっていったのではないか。当時、私は女性を対象としたイベントやガイドツアーに呼ばれ、女性誌からはインタビューや執筆依頼も続いた。けれど、いま振り返ると、私は山ガールブームの主流にいた山ガールたちには出会っていなかったのでは、とすら思うときがある。

平成22（10）年暮れになると、山ガールという言葉が「ユーキャン新語・流行語大賞」にノミネートされた。山や登山に関する言葉がノミネートされたのは、後にも先にもない。社会的なインパクトもあり、振り返れば、このころが山ガールブームの最盛期だった。

ナチュラル志向、ランやヨガ、野外フェス。迎える登山業界

山ガールブーム以前の流れとして、女性たちはナチュラル志向へと傾いた。食もファッションもメイクも、趣味も行動形態も、バブル期の派手で都会的な様相から、自然に近づこうとするスタイルになりつつあった。ランニングやヨガも流行った。自然に親しむには、心身共に軽やかでありたい。そんな精神と体の両面における健康志向が目立ち始めた。

野外フェスティバル（野フェス）が流行り始めたのも、このころだった。野フェスの起源は、1969年にアメリカで行なわれた「ウッドストック・フェスティバル」だといわれている。日本では、2000年代に入ってから急速に広まった。野フェスに行くためにはテントやシュラフ、キャンプで使う簡単な調理用具、レインウェアや防寒着も必要となる。これらに機能性の高い登山用のものを使うと便利で快適である人々は気づき、登山用品店へと走った。コロナが流行して以来、ソロキャンプを中心としたキャンプブームで、老舗登山用品店では、伝統的なメーカーのザックは売れないがキャンプ道具は飛ぶように売れた。それに似た風潮が当時もあった。そして高価な品を手に入れたからには、野フェスだけではもったいない。山に登って使ってみようという発想になり、山ガールブームの一端を担ったといわれている。

「森ガール」という言葉も生まれた。平成18（06）年にSNSのミクシィで始まった「森ガールコミュニティ」が発端であり、平成21（09）年には3万5000人以上が集まる人気となった。誤解されやすいが、森ガールは森で活動する女性という意味ではない。その定義は、森ガールコミュニティのトップページに60項目以上が載っている。「ゆるい感じのワンピースが好き」から始まり、主にファッションの傾向や○○が好きというような嗜好について書いてある。森ガールとは、森にいそうなナチュラル感のあるファッションを好む女性を指す。

こういった現象が、山ガールブームに先行して発生していた。

では、山ガールブームを迎える登山業界は、当時どのような状況にあったか。それまで山の道具やウェアは男性を中心とした設計だった。ユニセックスがあったり、XSサイズがつくられるようになったりして、女性でもやや着やすくなるといった程度だった。

そのようななか、平成4（1992）年に、長年にわたってモンベルの看板商品であるレインウェア「ストームクルーザー」の女性モデルが発売された。山ガールブームより15年以上も前の話であるが、昭和ではなく平成に入ってからだった。しかしアメリカはもっと進んでいた。たとえばパタゴニア社では、女性用ウェアの出現時期は1978年まで遡る。ヨセミテでのフリークライミング絶頂期に愛用されたショートパンツ「スタンドアップショーツ」だ。まさに、ウーマンリブの時代と符合する。

山ガールブームの到来を早くも察知していたのか、平成19（07）年にアルパインツアーサービスが、女性向けの「ナチュラルトレッキング」をスタートさせた。初回は山梨県小淵沢にある宿泊施設を利用し、マクロビオティック料理を食べ、北八ヶ岳《きたやつ》の自然を巡るツアー。東京メトロの駅などで配布されている産経新聞社発行のフリーペーパー『メトロポリターナ』とコラボレーションするなど、従来から登山をしていた女性だけでなく、広く一般の女性たちに呼びかけるものだった。

山岳雑誌では硬派の『岳人』（東京新聞出版局：当時）が、平成19（07）年10月号第一特集で「心とカラダと山登り〜女性よ、もっと山へ」を組んだ。しかしこれは、山ガールブームの前兆というよりも、従来の女性登山者たちに向けたものだった。結婚、出産、子育てと、人生のステージにつれ心身が変化していくさまは、男性よりも女性のほうがダイナミックだ。そのなかで、登山を続けていけるようにという応援歌のような企画である。

第二特集で「彼女たちが山スカートを脱ぐとき」が掲載されたのは、翌年の11月号。『岳人』は山ガールブームには乗らず、ブームをブームだけで終わらせない、ブームの影響もあって増加した女性登山者たちへメッセージを伝えたい、という主旨だった。

ブームの象徴、山スカート

ウェアの面では、山スカート以前に誕生したのがランニング用のスカート、略して「ランスカ」だった。脚の筋肉や膝まわりを保護するサポートタイツと組み合わせたり、あるいは素足のままはいたりする膝上丈のスカートであり、山スカートの形や機能、使い方とそれほど大きな違いはない。海外の女性たちのあいだでいつごろ山スカートが出現したのか定かではない。しかし海外では、ブームにはならなかった。日本では、平成19（07）年にモンベルが山スカート「ＴＲラップスカート」を発売したのが先駆けである。追うようにしてすぐに、多くのメーカーが山スカートを発売した。東京・神保町にある老舗登山用品店さかいやスポーツが女性向けのショップ「ＬａＬａさかいや」を開店したのも、同年。売り場には山スカートが並んだ。シャツやレインウェアなどもカラフルになり、一気に売り場が華やいだ。開店以来、店長を務めた山岸裕子《ゆうこ》は、当時をこう振り返る。

「試着室を使う人が増えました。一人あたりの使用時間も長くなった印象があります。接客中に尋ねられるのは、全身のカラーコーディネート。ウェアの機能性よりも、ファッションに傾いた内容が多かったです。年齢は20代後半から40代前半。同じものを長く着るというよりも、どんどん買い替えていく印象でした。新色が出たとき、少しでも軽いものが出たときが、買い替えのタイミング。それまで着ていたものは、フリマサイトで売る方々もいたようです」

山で彼女たちは、平日の姿からは想像できないような鮮やかなカラーリングの格好をしていた。山のウェアは、平日に働く自分から、非日常の山に出かけるときのスイッチの切り替え、あるいは舞台衣装のような存在だったのかもしれない。だからこそ、平日とは違うものがよかったのだろう。そんな女性たちが山にあふれた。行き先は首都圏であれば高《たか》尾《お》山、関西は六甲《ろっこう》を代表とする日帰りの山が多かった。

平成20（08）年に枻《えい》出版社（当時）が創刊した女性の登山者向け雑誌『ランドネ』。長年編集長を務めた佐藤泰那《やすな》に山スカートのメリットを尋ねると、こんな答えが返ってきた。

「自分の好きな服装で山に登れると思えることが、山スカートの存在意義だったのではないかと思います。こういうものを着なくてはならない、ではなくて、自分らしい服装で山に登ってよいという気持ちにさせてくれる存在です」

佐藤はこうも続ける。「いつまでも山スカートブームが続いたわけではありません。のちのちはパンツを選ぶ女性も増え、いまではパンツ派のほうが多いのではないでしょうか。それは山スカートが不便だったというよりも、パンツにも選択肢が広がったことが大きいと思います。ブーム前は、色にしても形にしてもチノパンのようなパンツしかなかったのが、いまではカラー展開は豊富で、形もさまざまです。ストレートや細身もあれば、サルエルパンツのようなシルエットもあります。女性たちが、自分の好みや体形に合わせて、日常の洋服を選ぶように山のウェアを選べるようになってきたんです」

ＬａＬａさかいやの山岸も、「山スカートをきっかけに、女性のウェアの幅が大きく広がりました。シルエットが洗練されて、見た目のよさだけでなく、動きやすいものが増えるなど、機能性の向上にも一役買ったと思います。山ガールブームが業界にもたらした利点の一つは、女性用のウェア、ギアの質が高まった点ではないでしょうか」と言う。

ＬａＬａさかいやは、平成23（11）年には大通り沿いに移転し、店舗面積を倍以上に広げた。やがてブームが落ち着いた平成28（16）年に元の場所に戻り、令和３（21）年、同店ウェア館に吸収される形となった。

女性向け雑誌の創刊。初心者向け書籍出版ラッシュ

女性ファッション誌がこぞって、山に登る女性たちの記事を掲載したほか、平成22（10）年にＮＨＫ出版が田部井淳子を監修者にすえたムック本『田部井淳子のはじめる！山ガール』を出版した。書名に山ガールという言葉が使われた初めての本だ。ちょうど、「山ガール」が流行語大賞にノミネートされた年でもある。

この本の編集長は、かつてＮＨＫ教育テレビ（現Ｅテレ）が登山家の岩崎元郎《もとお》を起用して日本百名山の番組をつくったときの、番組テキストの編集長である佐藤耕至《こうし》だ。この番組が百名山ブームのきっかけとも言われている。佐藤は「百名山」と「山ガール」、登山界の二つの大きなブームの仕掛け人ともいえる。

『ランドネ』の創刊からまもなく、山と溪谷社からは『Ｈüｔｔｅ』が創刊された（平成

26年休刊)。前者はポップな印象であり、後者には落ち着きがあった。編集長だった小林百合子《ゆりこ》は当時を振り返り、「女性の好奇心や購買力にスピード感があった。けれど、一過性のものではなく、じっくりと山について描きたかった。身体的快楽や達成感、レジャーとしての楽しみ以外に、内省的で文化的な活動としての登山を復活させたかった。背伸びをして言うなら、『アルプ』(創文社)のような世界観。その考えを私自身はいまも変わらずにもっている」と話す。女性をメインターゲットとした雑誌にも幅が出てきて、その多様性は、ブームがブームだけでは終わらない表われだったのかもしれない。

ここで、ブームのころから令和4(22)年に至るまで、『ランドネ』の編集長を務めた佐藤泰那について紹介したい。

佐藤が生まれたのは昭和60(85)年。平成元(89)年、佐藤は4歳だった。大学を卒業し、『ランドネ』の版元であった枻出版社(当時)に入社するのは平成19(07)年。最初はアメリカの大型バイク、ハーレーダビッドソンに関する編集部に配属された。

その後、『ランドネ』創刊時に編集会議に呼ばれて参加する。『ランドネ』は平成21(09)年6月23日に創刊される。その前に同社で制作していたフリーペーパーの『フィールドライフ』で、アウトドアガールの特集を組んだ。その反響がよく、女性だけの専門誌をつくることになり、『ランドネ』が生まれた。いつまで続けられるかわからなかったので、当初は不定期の刊行だった。これらの制作をリードしたのはフリーの編集者である福瀧智子《ふくたきともこ》だ。以前に福瀧から、ファッションではなく、あくまでアクティビティありきの内容を貫きたかったと、当時について聞いたことがある。3号までつくり、4号から隔月刊になる。着々と購買数も伸びたので、早くも平成22（10）年6月発行の6号からは月刊になった。そののち、100号を数えた平成30（18）年5月に隔月に戻り、いまに至る。佐藤は4号から編集部に所属し、平成24（12）年28号から副編集長、平成30（18）年100号から編集長を務めた。この原稿を書いている令和4（22）年11月に編集長を退くまで、佐藤は13年にわたって124号もの『ランドネ』を世に送り出した人となる。

ランドネはフランス語で、ちょっとハードな遠足という意味合いである。フランス人の女性は日常的に自然を楽しんでいる、日常にもアウトドアアクティビティを無理なく取り入れている。日本人女性にも、ライフスタイルの一環として、自然のなかで過ごす時間をもてるようになってほしいと願い、名づけられたタイトル。だからファッションのみにとどまらず、あえて「山ガール」という言葉は使わずに今日まで来た。「ブームをブームだけで終わらせたくなかったんです」と佐藤は言う。

「創刊直後は、ちょうど北欧のブランドなどのおしゃれなアウトドアウェアが日本にも入るようになっていたし、野フェスの盛り上がりもあって、ファッションをきっかけにアウトドアに踏み出す人が増えていました。その楽しみを提案するのと同時に、その先にアクティビティとして自然のなかに入っていってくれたらいいなと考えていました」

たしかに、『ランドネ』の編集は柔らかいトーンのなかにも登山の本来的なことを伝える誌面が惜しみなくある。

たとえば、天野和明《あまのかずあき》。平成21(09)年にピオレドール賞を受賞した、世界的なレベルにあるクライマーであり、国際山岳ガイドだ。その天野を先生役に、モデルの仲川希良《きら》を生徒役に配置して、一年を通じて登山を学ぶシリーズを展開したことがある。天野といえば、ピオレドールの偉業だけではない。厳しい規律とトレーニングによって、ハードで泥臭い活動でも知られている明治大学山岳部出身だ。そんな経歴の天野に目をつけたのも佐藤だ。

「ランドネに配属になり、なにもわからないまま登山用品店に行ったとき、対応してくれたのが天野さんでした。知識がない私を軽んじることなく、丁寧に教えてくれました。誰に対しても変わらないその姿勢はいまでもずっと揺るがないと思います」

佐藤は以前、こう語っていた。大学を卒業し、自分なりに常識をもって社会人になったはずなのに、登山の世界でなにか知らないことがあるとひどく否定されたように感じるときがあったと。そのときの不安な思いを、佐藤はほかの人にはさせたくないと考えているようであり、その姿勢はランドネの誌面や彼女のいまの活動にも表われている。

「当初はファッション企画に人気があったけれど、7号あたりからルートやノウハウを知りたいといった声をいただくようになりました。それでファッション中心の内容から、少しずつシフトさせていったのです」

さらに聞こえてきたのが、山の友達が欲しいという声だ。

「山登りを楽しもうと具体的に考え始めると、経験者や先輩、悩みを共有できる友達がいると続けやすいし、一歩踏み出せると思い、平成24（12）年から『ランドネ山大学』を始めました。初回の開催地は、山梨県にある日向山《ひなた》。参加費は保険料の500円だけ。20人の定員に対し300人以上の応募があり、驚きました。これは確実にニーズがあるなと思って、今日までコンスタントに続けてきました。まだ知られていない魅力的なフィールドを、自治体とコラボして旅をする、あるいは住むところとして考えてみるといった企画もあります。コロナ禍の少し前から、自然の近くで暮らしたいと思う人が増えてきたように感じています。旅をするなかで登る、麓の暮らしのなかで自然に触れる、そんなライフスタイルを提案していきたいと思っています」

山ガールブームを象徴する女性はほかにもいる。山スカートの伝道師といわれ山ガールのバイブル『一歩ずつの山歩き入門』（枻出版社）などを書いた四角友里《よすみゆり》、大ヒットしたコミックエッセイ『山登りはじめました』（KADOKAWA）の鈴木ともこ、『悩んだときは山へ行け！』（平凡社）など多作な鈴木みき、『Hütte』のモデルであるKIKI、そして『ランドネ』モデルの仲川希良が代表的だろうか。この5人のうち、じつに3人が『ランドネ』と深く関わる。彼女たちを、佐藤の言葉も借りながら紹介したい。

ファッションモデルとして活躍していた仲川希良は、ランドネを象徴する存在だ。ランドネに登場するほか、モンベルのウェアコーディネートを提案している。石井スポーツに所属し、石井スポーツ登山学校で講習会（トークショー）やツアーを開催している。ラジオやテレビにも積極的に出演、書籍『山でお泊まり手帳』『わたしの山旅』（ともに枻出版社）を執筆し、アウトドアの楽しさを伝えている。

「希良ちゃんに、ランドネに出てもらうようになったのは平成22（10）年ごろから。アウトドアファッションの似合う人に誌面に登場してもらいたいと思い、モデルのリストを何十ページもめくりながら探したんです。そのとき、希良ちゃんが目に留まりました。希良ちゃんには個性があります。自分の意思で着ている、山に登っている印象を読者に伝えることができる人だと思います。当時、希良ちゃんはモデルの友達同士で富士山に登ろうとしていました。ファッションページの撮影の合間におしゃべりをしていて、その話を聞きました。それからトントン拍子に希良ちゃんのランドネでの企画が実現しました。いきなり富士山に登頂するのではなく、お買い物をして準備する企画があり、近場の日帰りの山や山小屋泊を経験するなど段階を追って富士山に登る企画です。希良ちゃんはいつも『登山歴はランドネと一緒』とプロフィールに書いてくれますが、読者にとって等身大の存在だと思っています」と佐藤は話す。

山を登るようになって、自分の地図が広がった

モデル仲間6人で富士登山を計画し、その様子を『ランドネ』に掲載したのが、仲川希良にとっての登山のはじまりだった。

しかし話を聞くに、それ以前から仲川には山へと向かう素地があったように感じる。東急線の学芸大学駅にある高校に通っていたころ、放課後に新宿の予備校まで歩いていた。所要時間は2時間以上。毎日異なる道を選んで歩いていると、だんだんと頭の中に学芸大学駅から新宿駅周辺の地図が描けるようになった。ある日、ファミレスに入ってシャープペンシルを握り、頭の中の地図を紙に描いた。それが正解なのか知りたくなり、東京23区の地図を買って答え合わせをした。みごと正確な地図が描けていて、うれしくなった。

美術大学に通っていたころは、課題に行きづまったとき、広大な敷地をもつ大学のキャ

『ランドネ』元編集長の佐藤泰那。山や自然を愛する気持ちを自由に伸ばしていけるようなコミュニティを育てていきたいと言う（写真＝加戸昭太郎）

仲川希良はモデルとしてではなく、自ら登山学校に入り自分の山登りをするようになってから、がぜん楽しくなったと話す（提供＝本人）

ンパスとその周辺にある森を歩いた。自然のなかを歩き、煮詰まった自分をいったんニュートラルな状態にできると感じた。

そんな仲川が仲間と富士山に登ったのち、山にはまっていったのは必然のようにも思う。折しも山ガールブーム。たちまち山ガールのアイコンのようになり、雑誌やテレビ、ラジオにも登場するようになった。

けれど、彼女自身が本当に山に目覚めたのは、もう少しあとだ。富士山に登り、翌年の夏に槍《やり》ヶ岳、その年の冬には八ヶ岳・赤岳《あか》。優秀な山岳ガイドや登山家と、自分が求めなくても知り合うことができ、用意されたウェアと道具で山に登る。そのようなか、赤岳での経験は彼女にとって強烈だった。八ヶ岳ブルーと呼ばれる青空と白い雪山。山岳ガイドに導かれ安全に登り、下山できた。誌面向けに抜群の絵も撮れた。仕事として考えると大満足だった。けれど、仲川のなかに違和感が芽生え、自問自答を繰り返すようになる。「自分はどんな山に登りたいのか」「どんなふうに山を楽しみたいのか」。

その答えを導くためだったのか、仲川が起こしたアクションは、登山学校に入ることだった。石井スポーツの登山学校で、一から山を学んだ。自分でウェアや装備をそろえるようになると、繰り返し自分の装備を使うことで使い方にも慣れ、登山中の行動が早くなった。愛着もわき、次に行く山のレベルや特徴を把握し、その山に合ったウェアを用意しよ

う と考えるようにもなった。

「自分でしっかり考えて準備してから登ったほうが、圧倒的に楽しいんですよ」

もともと旅が好きであちこち訪ねていた土地を、いまは山登りで訪ねるようになった。自分の足で歩くためか、それぞれの山や土地が点と点ではなく、線で結ばれる。すると、自分の生活圏から山までが線でつながるようになった。山のてっぺんだけが山ではなく、麓の生活も山があってのこと。それを強く実感したのは、モンベルのSEA TO SUMMITに出場するようになってからだ。海から山頂へと、自転車やカヤック、歩きでつなげるイベントだ。

「目の前の景色がどんどん変わっていく。自分の体を使って移動することによって、そのグラデーションを味わう。水辺と山はつながっているんだと改めて思いました。山に登れば登るほど各地に線が引かれていき、自分のなかにある地図が広がっていくんです。そうすると、いろんなことを想像できるようになります。たとえば、自宅の水道から流れ出る水の水源はどこの山かなと考えるようにもなる。楽しいですよね」

仲川が実感するグラデーションは地理的なものだけでなく、季節のなかにもあった。

「最初に登った雪山は厳冬期の赤岳だったのですが、荘厳で、真っ白な雪に覆われて生命の気配が消えたような印象でした。でもその後、『ランドネ』の企画で登った残雪の安達《あだ》太良山《たら》（福島県）では、麓には春がやってきているけれど、山のなかは雪。一つの山を登りながら季節のグラデーションを感じることができ、ああ、この雪の下にも命が眠っているんだなあと想像しました。里山の初雪に遭遇したときも、雪の上にモミジが落葉していたり、キノコの上に雪が積もったり、命が絶えそうな蜂の上に雪が降ったり。こんな雪はすぐに解けてしまうけれど、また雪が降って……を繰り返しながらやがて根雪になっていく。そんな季節の移り変わりを実感できる幸せを感じました。自分はとても大きな自然の循環に支えられていて、その一部として生きているんだと意識するようになりました」

仲川は当時、山ガールブームを避けていた。自らを山ガールと呼ばれるのを好んでもいなかった。それは山ガールへの反発というよりも、ブームへのそれだった。

「ブームはブームで終わってしまう。私が好きな登山は終わるものではなく、続くもの。けれど、いま振り返れば、山を登らない人も『いま、ブームなんでしょう』と山を話題にするのってすごいなと思います。山ガールというキャッチーなものは他者に伝わりやすく、私の活動を理解してもらう一助にもなったと思っています」

現在、子育て真っ最中の仲川。目の前のことでいっぱいいっぱいになってしまいがちな自分の思考を広げてくれるのも山だった。

「子どもには夫と一緒に留守番をしてもらって、仕事で山に行ったとき、静かな世界に戻ってこられたと思いました。けれど、それは違ったんですよね。山には山の音がある。風の音、鳥のさえずり、水が流れる音。静かになるのは、それに耳を傾ける私自身。山を歩き心が整い、自分自身に静けさが訪れる。それが私の好きな瞬間です」

山を愛する気持ちを自由に伸ばしていけるように

前述の『山登りはじめました』の著者である鈴木ともこ。『山登りはじめました』には、鈴木本人が山に出会い、山に惹かれ、山に登る姿が描かれている。自然を目の当たりにして驚き、心が動かされるさまや、山登りの楽しさを友人と分かち合う様子が、つぶさに表現されている。鈴木は、ブーム当時、東京に住んでいたが、まもなく長野県松本に居を移した。「岳都」と呼ばれる松本は登山の玄関口であり、常念岳《じょうねん》やその奥に槍ヶ岳の穂先まで望むことができる。松本市観光大使も務める鈴木は松本の魅力を、コミックエッセイやテレビ、ラジオなどで伝えている。また、鈴木は安心して使える機能性と、楽しんで着たり使えたりする、遊び心を備えたウェアやギアの開発を、メーカーと共に行なっている。

ランドネ元編集長・佐藤はこう話す。

「鈴木ともこさんは、ランドネの初期に連載をお願いした方です。読者のちょっと先を行く先輩のような存在。『鈴木ともこの山モノ手帖』は全113回、令和3（21）年まで続きました。もの選びに失敗したり、紆余曲折しながらも、それを楽しんでいろいろなものに出会っていく姿を見せてもらっています」

山スカートの象徴とされるのが四角友里。山スカートの発祥や種類、それぞれの機能性について研究し、着付け師である経験や感性を活かして、自然のなかにある四季折々の色をウェアに取り込むようなところがある。鈴木同様、メーカーの商品開発にも携わり、四角がデザイン・開発したウェアやギアを使うファンの姿をよく見かける。

「四角友里さんは平成22（10）年、ムック『アウトドアスタイルブック』に登場いただいたのがはじまりです。ランドネでは、山スカートを研究した細かな内容や軌跡も発表してもらいました。読者にとって四角さんは、自分と重ねやすい存在なのだと思います。ご自身は着実に登山の経験を積み、ステップアップしているのですが、永遠の初心者という安心感のようなものが、みなにあるのかと。初心の気持ちを忘れない方ですね」（佐藤）

ほかにも多くのアイコン、モデル、憧れとなるような人が存在した。その出現は山ガールブームの産物の一つであるし、彼女たちの多くはいまも登山や山に関係する仕事を続けており、登山者たちと深いつながりをもっている。

それでも佐藤は、「こんなにうまく定着していくとは想像しませんでした。当初はキャンプを楽しむ20代が圧倒的に多かったのですが、その方々が山に飛び出していき、やがてお母さんになり子どもと一緒に楽しむようになってきたのが、いまです。こうして裾野が広がり、次の世代にも伝えていけたらいいなあと思っています」と語る。

佐藤は『ランドネ』の仕事の傍ら、令和2（20）年にKUKKAという会社を立ち上げ、登山者のコミュニティをつくっている。登山を始めたばかりの人、周囲に仲間や先輩がいない人、山登りは好きだけれど、どうやって続けたらよいか悩んでいる人など、誰もが参加しやすい環境と雰囲気をつくり、みなで山に登ったり、オンラインの講座を開いたりしている。佐藤が雑誌づくりをするなかで築いてきた人間関係を活かし、誰もが余計な心配をすることなく、楽しく山登りを続けられる環境をつくりたいという思いからだ。

佐藤は自身のｎｏｔｅに、こんなことも書いている。

「まだ見ぬ世界へと一歩ふみ出すことへの不安、それでも前へ進みたいと馳せる思いは、13年前に山登りを始めたころと変わらない。

ひとつ違うことがあるとすれば、その気持ちを分かち合える相手が増えたことだ」

「山登りを始めとするアウトドアを楽しむにあたり、湧き出る疑問や不安について、共有し語り合える場を作りたかったからです。(中略)

そのような内容こそ、ひとりで考え判断することは困難で、ＳＮＳの情報だけを目にしていたら、いわれないことで傷ついたり疎外感を感じてしまったりもします。安心できるクローズドな場で、山や自然を愛する気持ちを自由にのびやかに伸ばしていけるように、メンバー同士で応援し合えるコミュニティを育てていきたいと思っています。コンテンツ作りも、メンバーと一緒に作り上げる体制を考えています」

多様性のある登山文化を次の世代へ

ネットでは、「山ガールネット」「山リータ」を代表とするコミュニティが、山ガールブームを支えた。「山リータ」のキャッチフレーズは「おしゃれに、楽しく、山に登りたい♥そんな欲張り女子『山リータ』の登山をサポートいたします」。ファッション、ギア、ルート情報、山トモをつくる機会、ツアーなどを提供する。前出のアルパインツアーサービスのナチュラルトレッキングは、「レディーストレッキング」と名前を変えさらに登山よりの内容となった。田部井が呼びかけ人となって女性向け登山サークル「MJリンク」が誕生したのが、平成21（09）年。

山ガールブームは落ち着いたが、ブーム後も登山を続けている女性は大勢いる。日帰りのハイキングから始めて、テント泊、アルプスの縦走、岩登り、雪山、海外トレッキングや海外登山へとステップを重ねていく人がいる一方で、苔をめでる、巨木巡りなどそれぞれの好みのテーマで山に登る人もいる。ステップアップは望まず、軽いハイキングを続ける人もいる。自由度と多様性がある。佐藤は「登山が特別なもの、研ぎ澄まされた趣味というだけでなく、もっと気軽に身近に楽しめるようになった」と言う。田部井がMJリンクを始めた理由の一つ「女性は産み育てる性。彼女たちが山に親しめば、必ず次の世代につながる」という言葉のとおり、近年、ファミリーキャンプや親子登山が再び注目されている。

山ガールブームが登山界にもたらした大きなものの一つは、男女ともに新しい登山者層が広がり、以前は一部の人のもの、ととらえられがちだった登山に多様性が生まれたことだろう。こういった一連のことは、登山文化を強くし、登山界が産業として成長していく過程であるのだろう。

山小屋の女性たち

登山者をあたたかく迎える山小屋の存在は
日本の登山文化を支え、発展させてきた。
その山小屋を支えてきた女性たちは、
どんな思いで山と向きあっていたのだろうか。
尾根や谷の向こうから手を差し伸べ合い
つながってきた女性たちの声を聞いた。

毎日の「ありがとう」に支えられて

どこからたどっても遠い山小屋、と表現されるのは、北アルプス北部にある朝日小屋《あさひ》だ。白馬岳から縦走すると、雪倉《ゆきくら》岳を越え水平道《すいへいどう》をたどる。蓮華《れんげ》温泉から登るには五輪《ごりん》尾根。山小屋の従業員が行き来するのは、地元富山県朝日町の北又からのイブリ尾根だ。急勾配の登山道を登ると夕日ヶ原にたどり着き、その先に朝日小屋がある。どのルートも、まる1日かかる長丁場。朝日岳を背後にした平坦地に、赤い三角屋根の朝日小屋がある。山小屋の扉を開けると、小柄ながら全身に元気が満ちあふれた笑顔の清水ゆかりが、受付に座っている。朝日小屋を所有するのは、朝日町の山岳自然保護団体・大蓮華山保勝会《おおれんげさんほしょうかい》であり、清水は、平成13（2001）年に山小屋の管理を亡父・下澤三郎から引き継いだ。

朝日岳は清水が生まれ育った朝日町からもよく見え、初めて朝日岳に登ったのは、小学3年生のとき。下澤は、清水が高校1年生のときに朝日小屋の管理人を引き受けた。結婚するまでは夏休みになると、清水も山小屋を手伝った。

管理人になったのは42歳のとき。四人娘の長女は大学生だったが末っ子は小学6年生。山小屋が開く6月から10月上旬は、義母に預けた。清水自身は仕事に無我夢中だったが、末娘はさすがに寂しがったと清水は当時を振り返る。

富山県の阿曽原《あぞはら》温泉小屋には佐々木泉《いずみ》という主人がいる。彼に、清水は山小屋の仕事を始めて間もないころ、「山小屋の仕事ほどすばらしいものはない」と言われた。「お客さんにありがとう、ありがとうって言われるんだ」と佐々木は続けた。世の中に「ありがとう」と言われる仕事はほかにもある。けれど清水は言う。

「腹の底から毎日言ってくれる。登山道整備をしてくれてありがとう。ご飯がおいしかった、ありがとう。お布団がふかふかだった、ありがとう」

そんな登山者たちの声が、この20年間の清水の支えだった。

朝日小屋は人の輪があたたかい。「ＡＫＢ」もその一つ。Ａは朝日小屋の頭文字。Ｋは草刈りもしくはキッチン。Ｂは部隊を意味する。登山道の草刈りが必要になれば草刈り部隊が結成され、朝日小屋に集まってくる。繁忙期に厨房の人手が足りなくなると、キッチン部隊の面々が登ってくる。決して近くない朝日小屋だが、誰もがそれをいとわない。

「恋の花咲く朝日小屋」というフレーズもある。清水が管理人になってから、朝日小屋の従業員やＡＫＢなどの協力者たち、客の間で10組以上のカップルが誕生し、結婚した。清水がうまく世話を焼くのかと観察してみるが、そうでもない。もはや理由はなく、ただただこの朝日小屋という場が和やかであたたかいのだと思う。その中心にいるのが、清水だ。

清水はよく「目配り、気配り、心配り」という言葉を使う。山小屋のあらゆる仕事に、従業員同士の関係に、また登山者に目を配り、気を配り、心を配る。夕食や朝食にも清水の心配りが表われている。

「冷凍食品は色や形がきれいでも、疲れた体が受け付けないときもある。地元のみながいつもおいしく食べているもので疲れを回復させ、元気に山を歩いてほしい」とメニューを考える。

背中を見せられない悔しさ

女性ならではの苦労について尋ねると、「それは一つ。山岳遭難救助や登山道整備の現場で、私が背中を見せることができない」と言う。山小屋の仕事は、調理も掃除も補修作業もすべて、現場でしか教えられない側面がある。遭難救助や登山道整備の現場で、そのやり方も心意気も情熱も見せてあげられない、と少し悔しそうだ。けれど弱みを弱みで終わらせはしない。朝日岳方面遭難対策協議会の一員としてトレーニングに参加する。

「現場に関わる人たちとの信頼関係を築くことに力を注ぐ。遭難救助も登山道整備も、内容を理解してメンバーを送り出す。後方支援を通じて、みんなの士気を高める」

登山者を癒やす明るい笑顔で出迎える朝日小屋の清水ゆかり（写真＝菊池哲男）

長い山道を1日がかりで歩いた先に立つ、赤い三角屋根の朝日小屋(左)

管理人の更新は4年ごと。その間、天候不順もあるが、晴れに恵まれる夏山シーズンの年もある。押しなべてみればトントンになると、小屋を引き継ぐ前に言われた。けれど、平成期後半はゲリラ豪雨や天候不順が多かった。「こんなことは、以前はなかった」と、遠のく客足や、登山道や山小屋の被害に清水は頭を悩ませる。

人手不足もここ数年の悩み。特に男性の働き手が少ない。「山小屋の仕事は危険が伴い、汚い仕事もしなければならない。従業員同士が24時間顔を突き合わせる。定時で仕事を終え、飲み屋で上司の愚痴を言うこともできない。いま流行りのバーチャル世界とは対極。けれど山小屋の仕事を意気に感じてくれる人の存在が、心の支えだ」と言う。

清水が「お客様に強く叱られたことが二度ある」と話してくれた。一度目は管理人になって数年目。二度目はそれから15年程経ってからだ。二度目のそれは、シーズン終盤に清水の疲れがピークに達していたころ、悪天によるキャンセルの電話の主に、雑な対応をしたようだ。その客から手紙が来た。清水の態度に触れ、「楽しみにしていた山小屋にもう行く気が失せた」と書いてあり、清水は肩を落とした。しかし、「初心を忘れずに思い直してがんばってほしい」と手紙は結ばれていた。ＳＮＳに書き込むことだって簡単な時代に、手書きだった。清水はすぐに電話をかけ、山から下りたのちには手紙を書いた。忘れられない出来事だった。「人に恵まれ、人に助けられてきた小屋番の仕事だ」と清水は言う。

山と山小屋と、両想いになった女性たち

かつて、北穂高《きたほたか》小屋の小屋開けから小屋締めまで2シーズンを取材で通ったことがあった。当時働いていた矢崎（現早川）恵美《えみ》のことを、私は「北穂と両想いになった女性」と書いた。北穂高岳と北穂高小屋が好きでたまらず、静岡県から毎週通った。従業員になったあと、つらい時期もあったけれど、彼女には北穂が好きだという強い気持ちがあったから迷いはなかった。15年働いて、同じ従業員だった男性と結婚したのちに退職する。

早川（旧姓小南《こみなみ》）徳美《とくみ》は4つの山小屋を経験したのち、平成27（15）年に南アルプス・熊《くま》の平《たいら》小屋にたどり着く。仙丈《せんじょう》ヶ岳と塩見《しおみ》岳を結ぶ仙塩《せんしお》尾根の半ばに、ひっそりとたたずむ。早川は、水が豊富で緑が濃いこの場所が好きで、熊の平小屋で働きたいと思った。最初の4年間は従業員として働き、平成31（19）年に管理人になった。当初は山小屋の仕事はなんでもできるようになりたいと、力仕事も率先して働いた。けれど、管理人になってからは「周囲に助けてもらうことばかり」と言う。無理をして事故を起こしてはならない。動かせなかった燃料の入ったドラム缶は、居合わせた男性の登山者に手伝ってもらい動かした。

夕食のミネストローネは、早川の発案。野菜の味を活かし調味料は塩だけ。これは初めて働いた尾瀬《おぜ》の温泉小屋の影響が大きい。先代は、客に出すご飯も従業員向けの食事も塩だけで味を付けていたという話を聞いた。塩の量、振り方一つでおいしく仕上げることができる。シンプルな山小屋生活に合うし、疲れた登山者の体にもすっと入る。

早川は以前、北アルプスの焼岳《やけ》小屋も手伝っていた。熊の平小屋と違って天水（雨水）に頼り、荷上げはすべてボッカだ。焼岳小屋もまた、早川が好きな場所の一つ。憧れの穂高連峰がかっこよく望めるからだ。穂高の中に入ると登山者が多い。ひっそりとしたところが好きだから、焼岳小屋からそっと眺めているという。どんな人が山小屋の仕事に向いているかと尋ねると「下界の便利さに未練がない人」と答えてくれた。

北アルプス・薬師沢《やくしざわ》小屋で働いて18年になる大和景子《やまとけいこ》は、令和3（21）年から管理人を務める。大学のワンダーフォーゲル部で山を始めたころから釣りも好きだった。薬師沢小屋は大和にとって天国のような場所だ。

「山の中でも生命力のある水際が好き。山小屋にいると今日は風が気持ちいいなあとか、昨日より葉っぱが大きくなったなあとか、毎日の小さな出来事を大切に感じられるのがうれしい。人間が本来もつ『幸せだなあ』という感覚が、この不便さのなかに残っている」

大和は「性別を問わずそれぞれができることをやる。大事なのは相手に対して思いやりや尊敬の念をもつこと」だと気づいたとき、自分のなかで気持ちが落ち着いたという。「滞りなく生活するために当たり前の状態をつくる。トイレがきれいだ、台所がきれいだ、和やかな笑顔がある。それがとても大切。小屋の中での作業が続いて外に出たくなるころに、男性スタッフが簡単な外作業に誘ってくれる。そういう互いの思いやりを感じることができるのがうれしい」

平成31（19）年まで後立山《うしろたてやま》連峰の天狗《てんぐ》山荘で4年間働いた五枚橋純子《ごまいばしじゅんこ》。管理人を務めた最後の1年は、ほとんど女性のスタッフだった。「100kg以上あるドラム缶を動かすために知り合いのガイドかパトローラーの男性がやってこないかなあって思っていた」と笑う。気負いがない。釜飯の器が厨房にあるのを見つけ、〝釜プリン〟を始めて人気になり、幕の内弁当を山で食べやすいようにとおにぎりに変えたのも五枚橋だ。「山小屋の仕事は掃除と炊事」と明言するが、阿曽原温泉小屋を手伝うようになり、前述の佐々木から、山域全体の環境を考える、登山者に目を配ることも山小屋の仕事だと教わった。

「平成」を山小屋で過ごし、貫いた女性たち

昭和から平成にかけて山小屋で働き、その仕事を貫いた象徴的な存在の女性たちがいる。そ

のなかから、北アルプス・薬師岳山荘の堀井よし子と船窪《ふなくぼ》小屋の松澤寿子《としこ》、南アルプス・両《りょう》俣《また》小屋の星美知子《みちこ》を紹介したい。

堀井は、少々変わった経緯で山小屋の女将《おかみ》になった。自分自身を「女将」と言うのでここでもそう呼びたい。前任者から堀井夫妻が薬師岳山荘を購入したのは昭和58（1983）年、堀井が35歳のとき。夫は公務員であり、自由に山小屋の仕事ができる状況ではなかったこともあり、当初から、堀井が山小屋を仕切ることが決まっていた。堀井は学生のころ、山小屋でアルバイトをした経験があったが、当時はピアノの先生をしていた。最初は夏の1カ月余りの営業だったので、ピアノの仕事と両立ができたし、夫や息子も手伝ってくれた。しかし百名山ブームも相まって「もっと長く営業してほしい」「周囲の小屋は秋も営業している」などのリクエストが相次ぎ、だんだんと営業期間を延ばしていった。いまでは6月上旬から10月上旬までの4カ月だ。アルバイトの経験しかなかったけれど、料理をつくり室内を掃除し、寝床を整えて客を迎えるのは、日常の家事とそう大きく変わりなく、堀井にとって楽しい仕事だった。疲れた体にどんなものが食べやすいだろうか。お腹いっぱい食べてもらう献立はなにか。喫茶メニューとして白玉あんみつを出したら喜んでもらえるのではないか。そんなことを考えるのも楽しかった。

しかしそれでも山小屋特有の問題もあり、戸惑いもあった。そんなときに手を差し伸べてくれたのは、穂高岳山荘の今田英雄《いまだひでお》だった。燃料のこと、メディアとの付き合い方、山小屋の改築のこと、なんでも教えてくれた。人手が足りないときには、自分の山荘の従業員を送り込んでくれた。穂高連峰と薬師岳、同じ北アルプスといえども遠く離れている。それでも今田は、会議などで堀井に会うたびに気にかけてくれた。

堀井は「そうやって、先輩たちが助けてくれたから続けてこられたんですよ」と言う。

改築したのは、平成22（10）年。玄関を広くして、居心地をよくした。厨房もなるべく使いやすいようにデザインしたが、結局はずっと使ってきた戸棚が役に立った。山小屋の調理道具は家庭用よりもはるかに大きい。特有のサイズのものを収めることができるのは、特注した戸棚だった。これは薬師岳山荘の財産だと思い、いまでも使い続けている。

船窪小屋の松澤寿子は、従業員からも登山者からも「お母さん」と呼ばれている。平成30（18）年に小屋を退くまで、船窪小屋の囲炉裏に座り、登山者をあたたかく迎えた。亡父から船窪小屋を引き継いだのは、高校を卒業したとき。昭和30（45）年のことだ。以来、地元の大町山の会の仲間などに助けられながら必死にやってきたが、いっとき子育てで山を下りていた。その間は夫の宗洋《むねひろ》（令和3年没、享年84）が、山小屋を支えていた。寿子が山小屋に戻るきっかけは、ふとしたときにやってきた。雑誌の取材で、船窪小屋へ至る七倉《ななくら》尾根を歩く機会があった。秋のころ、久しぶりに小屋に上がると、紅葉がものすごくきれいだった。すっかり忘れていた光景だったが、ここが自分の居場所だと気付いた。「ここでまた、お父さん（夫）と暮らしていきたい」と、山小屋に戻る決意をした。ちょうど3人の子どもたちも手を離れ、松澤が65歳になったときのことだ。

船窪小屋では手作りの料理が並ぶ。季節の野菜の天ぷら、冬の間に水煮にしておいた山菜料理、乾物を使った煮物など。山で採れたものに手を加えた品ばかりだ。「ご馳走《ちそう》」という言葉があるが、松澤たちがつくる料理は、まさに自然のなかを馳《は》せて、走って集めたもの。その名のとおりのご馳走だ。

星美知子が両俣小屋に入ったのは昭和56（81）年。それまで3年間、広河原《ひろがわら》ロッジ（当時あった国民宿舎）で働いていた。当初はアルバイトだったが、2年目から管理人になった。女性の管理人はまだまだ少なかった。当時両俣小屋は芦安《あしやす》村営だったので、星が両俣小屋をやりたいと手を挙げたときは村議会にかけられた。「女でもできるのか？」という声もあったが、広河原ロッジでの働きぶりを知る村議会議員や地元の仲間が応援してくれた。「芦安村の住民になること」が条件だったので、東京・吉祥寺に半ば物置代わりに借りていた3畳間を引き払った。

星は、山小屋に従事する者に必要なのは「覚悟」だと言う。どんな覚悟なのかと尋ねると、「生き抜く覚悟」と言った。小学6年生のときに結核を患い、大学生になるまで治療が続いた。けっして頑強な体の持ち主ではない。隣の病床の人が亡くなるのを目の当たりにするなかで、星には生き抜かなければならないという覚悟が芽生えてきた。こんな体ではだめだ。もっと自由になりたいと山に登るようになった。それが、山との出会い。

両俣小屋に入ってからも覚悟の連続だった。2年目の夏、大型の台風が両俣小屋を襲った。両俣小屋は、南に間《あい》ノ岳、東に北《きた》岳、北に仙丈《せんじょう》ヶ岳と、3000m峰に囲まれており、稜線には風が強く吹いても静かなときがある。けれど、雨量が増えると大変だ。両俣小屋の前を流れる野呂川がたちまち増水する。昭和57（82）年の台風は恐ろしいもので、星は山小屋とテント場に泊まっていた登山者を引き連れて、仙丈ヶ岳を越えて逃げた。それが彼らに残された、唯一の生き抜く道だった。桂木《かつらぎ》優《ゆう》のペンネームで書いた書籍『41人の嵐』（山梨日日新聞社）に詳しい。このとき、星はまた一つ生き抜く覚悟をした。それからも幾度となく両俣小屋を襲う嵐はやってきた。それを、星は一つ一つ生き抜いてきた。

コロナ禍も同様だ。1年間の休業を強いられ、再開後は宿泊者数も減った。両俣小屋の場合、コロナ禍だけでなく、令和元（19）年の台風19号による被害で南アルプス林道が崩壊し、通行止めが続き、アプローチが遠くなったことも影響している。けれどそれでも、星は変わらずに淡々と山小屋を営んでいる。これも、生き抜く覚悟だ。

女性で苦労したことはチェーンソーだと星が話してくれた。倒木が登山道をふさいだときなど、小屋番がチェーンソーを使うのは日常だ。けれど、チェーンソーを扱うにも力がいる。通常の刃渡りのチェーンソーを男性と同じように使いこなすのは容易ではない。星がチェーンソーを手に入れたのは両俣小屋に入って6年目。昭和の終わりのころだ。ウッドペッカーという、赤色の小さなサイズのものだ。太い木は一気に伐ることができない。角度や方向を考えながら、少しずつ削って切り口を小さくしていく。何度もチェーンソーで手を加えながらやっと切り落とす。星は言った。

「時間はかかるけれど、非力な女性にだってできるのよ」

山小屋という限られた空間で暮らしながら、大きな思想をもった人に時々出会う。星もその一人だ。そういった大きな感覚をもてるのはどうしてなのだろう。

星の場合、両俣小屋という定点から四十余年にわたって世界を見ている。Wi-Fiも電話もない。連絡手段は北岳山荘との無線と緊急用の衛星電話だけだ。毎日夕方4時の気象通報をラジオで聴き、天気図を作成する。明日の天気は、天気図と空模様と風と気温、野呂川の水温から予測する。嵐で森は流されたけれど、時がたてば緑が茂ることも知っている。そして、台風19号による土石流を指さして、こう言った。

「ここもあと40年すれば森がよみがえるのよ」

星は、両俣小屋で見つめてきた自然を通して世界を知っているのかもしれない。

毎日夕方の4時に気象通報を聴いて天気図を作成する両俣小屋の星美知子（写真＝筆者）

左／薬師岳山荘の堀井よし子。登山者が食べやすいメニューを考え厨房に立つ（提供＝本人）
上／お母さん、お父さんと呼ばれ慕われた船窪小屋の松澤寿子・宗洋夫妻（写真＝筆者）

尾根や谷の向こうの先達から手を差し伸べられて

穂高岳山荘三代目の今田恵《めぐみ》。平成19（07）年から山小屋に入り、平成24（12）年に父・英雄から引き継いだ。初めて山小屋に連れていかれたのは5歳。以来、途切れることなく山小屋で過ごした。それは間違いなくいまの彼女に影響を与えている。令和2（20）年、穂高連峰では群発地震が続いたが、平成10（98）年の群発地震も今田は経験している。初めてではないというのは強い。引き継いだ年の春、大きな遭難事故があった。低体温症の登山者を山小屋に収容し、現場で対応する救助隊の後方支援をした。深刻だったけれど、いまできることはなにか、なにがベストかそれを考えるだけだったから迷いはなかった。

「父は威厳のある人。従業員たちは父と盃を交わした人たち。それを尊重し、私はコミュニケーションを大切にしながら相互理解に努める。その上で、父とは違ったタイプの経営者として山小屋を率いていきたい」。繊細な心配りのある頼もしさだ。

平成元（89）年から平成の終わりに亡くなるまで蝶《ちょう》ヶ岳ヒュッテの主人を務めたのは、神谷圭子《けいこ》。今田は神谷のことを「場を明るくしてくれるリーダー的存在。信頼する大切な先輩だった」と言う。蝶ヶ岳ヒュッテは令和2（20）年に、長女・中村梢《こずえ》が引き継いだ。

山小屋で働く母の姿はほとんど知らない。娘から見る母は、自分の信じたものへ突き進む人。「コロナの影響でとんでもないデビュー戦になったけれど、周囲の山小屋にも助けられている」と話す。この先、梢は山小屋の仕事を通じて圭子の仕事ぶりを初めて知ることになるのかもしれない。梢の山小屋をつくりながら。

前述の早川を「南アルプスの女性の若手っていったら彼女よ」と紹介してくれたのは、両俣小屋の星だ。はつらつと山を登り、働く姿に信頼を置いている。そこに星は、自身と同様の「山で生き抜く覚悟」を感じているようだ。早川もまた「両俣小屋の星さんと、農鳥小屋の深澤糺《ただし》さん。お母さんとお父さんに見守られている」と先輩たちを信頼する。

船窪小屋の松澤が、わが娘のように可愛がった従業員は、中村（旧姓伊藤）しのぶだ。中村は、船窪小屋をもっと知りたいと同系列のホテルでも働いた。「みんなお母さんに話を聞いてもらいたくて、お母さんは誰の話にも耳を傾ける。その雰囲気が船窪小屋をつくり、私もそんな小屋が好きだった」と中村は言う。船窪小屋は現在、長男・宗志《しゅうじ》が引き継いでいる。

平成26（14）年の御嶽《おんたけ》山噴火により閉鎖になっていた二の池ヒュッテを平成30（18）年に再開したのは、高岡ゆりだ。令和2（20）年に、南アルプスの果てにある光《てか》岳小屋を引き継いだのは、小宮山花《こみやまはな》。それぞれ環境は異なるが、二人とも相当な覚悟のいる立地で山小屋を運営している。

ここには紹介できないが、先達となる女性、山小屋の歴史をつくってきた女性たちも大勢いる。尾瀬・温泉小屋の星トシ子に始まり、和子《かずこ》、貴代子《きよこ》と受け継がれている。尾瀬には長蔵《ちょうぞう》小屋の平野紀子《のりこ》もいる。立山《たてやま》・大日《だいにち》小屋の先代である杉田三江子《みえこ》は、夫が亡くなったあと小屋を守った。仙人池ヒュッテの志鷹静代《したかしずよ》は「仙人のかあちゃん」と呼ばれた。北《きた》八《やつ》ヶ岳・しらびそ小屋の今井幸子《ゆきこ》は、いまも息子とともに働く。黒百合《くろゆり》ヒュッテを始めたのは現在の主人、米川岳樹《よねかわたけき》の祖母つね。昭和31（56）年のことだ。親から子へ、また尾根や谷の向こうの先輩から手が差し伸べられ、女性たちはつながってきた。

父から引き継いだ穂高岳山荘を守る今田恵（写真右／提供＝本人）

蝶ヶ岳ヒュッテ・故神谷圭子。長女の梢が小屋を継ぐ（提供＝中村 梢）

山岳ガイド

自然ガイドや登山ガイドも含め、
ガイドに占める女性の割合はけっして少なくないが、
そのなかでクライミングロープを積極的に使う
女性はごくわずかだ。
彼女たちはどのような思いでガイドをめざし、
技術を学び、自分のスタイルを築いてきたのだろうか。

壁をつくるのは自分

令和5（2023）年2月現在、公益社団法人日本山岳ガイド協会認定の資格を有するガイドののべ人数は男性1777人、女性385人。女性の割合は少ない。しかもクライミングロープを使った登攀も扱う山岳ガイドと国際山岳ガイドの合計人数に目を向けると、男性292人、女性15人とごくわずかになる。

日本のガイドは国家資格ではなく、現在は、（公社）日本山岳ガイド協会が認定するガイドが主流となっており、同協会はガイドの国家資格化もめざしている。大別すると自然ガイド（I、II）、登山ガイド（I、II、III）、山岳ガイド（I、II）、国際山岳ガイドの資格があり、それぞれ職能や職域が異なる。自然ガイドは、森や湿原などでの自然観察を主とする。登山ガイドは非常時にはクライミングロープを扱う技術が必要だが、積極的には使わない内容の登山をガイドする。山岳ガイドは国内の岩壁や氷雪壁を含むルートで、クライミングロープを積極利用した内容もガイドする。国際山岳ガイドは、国際山岳ガイド連盟に所属する資格となり、世界中のあらゆる山をガイドすることができる。

日本人女性で初めて国際山岳ガイドの資格を与えられたのは、登山家の今井通子《みちこ》だ。現行の国際山岳ガイドになるための検定が存在する前の時代に、それまでの登山家としての、また山岳ガイドとしての業績が評価された。

今井の話のなかで印象的だったのは、「壁」に関する話だ。これは登山やガイド業に限ったものでもない。壁をつくるのは自分であり、それを乗り越えられないのも自分である。周囲は「女性だから登れないでしょう」とか「女性で山岳ガイドが務まるの？」と言うかもしれない。けれど自分のことは自分がいちばんよくわかっているはず。周囲の言うことを優先したり、それに惑わされたりする必要はない。他者の話は聞いたほうがよいときもあるけれど、それはそれと解釈し、自分で決めるのが大切であると今井は話していた。

今回は、山岳ガイドⅡの資格をもちながら国際山岳ガイドの資格にトライしてきた加藤美樹《みき》と、登山ガイドⅢでガイド業とゲストハウスの経営を生業とする高月弘子《たかつきひろこ》、アメリカで活動する国際山岳ガイドの木崎乃理恵《のりえ》に話を聞いた。彼女たちがガイドの道を歩むなかで、どんな壁を乗り越えてきたのか、あるいはもともと壁などなかったのだろうか。

努力の塊、女性ガイドの道を切り拓く

加藤美樹が山岳ガイドを志したのは、自衛官を退職した20代半ばだ。ヨーロッパ・アル

プスのガイドを見て、かっこいいと思ったからだった。そのころ加藤は、国内の山やシャモニーなどのヨーロッパ・アルプス山麓でハイキングツアーのガイドの仕事のほか、アルプスの高峰を登るツアーに同行し、現地のガイドと顧客の間を取りもつ仕事もしていた。それは、アルプスの高峰を登る山岳ガイドの仕事ぶりを目の前で見る絶好の機会だった。

もともと加藤は、航空自衛隊勤務時代の仕事の仲間と登山を始めた。その後、愛知県の歴史ある山岳会、春日井山岳会に入会し、登山の技術だけでなく山に向かう姿勢を学んだ。のちに夫となる久野弘龍《くのひろたつ》と共に八ヶ岳《やつ》山麓に引っ越したのは、平成12（2000）年だ。都会に住んで仕事のときだけ山を訪れるのではなく、山の麓で暮らそうと決めた。加藤も久野も八ヶ岳山岳ガイド協会に所属し、仲間たちと研鑽を積み、地元の遭難事故の救助に出たり、さらには登山道整備や山小屋の手伝いをするときもある。

加藤が山岳ガイドⅡの資格を取得したのは、八ヶ岳山麓に引っ越したのと同年、30代に入ってからだ。国内におけるガイド資格の頂点であり、国内のすべての山、ルートを、季節を問わずガイドできる資格だ。翌年の平成13（01）年には、久野と「ミキヤツ登山教室」と名前を掲げて、山岳ガイドの仕事を始めた。

加藤と久野が理想とする山岳ガイドは、「登らせるガイドではなく、顧客を育てるガイド」だ。山岳ガイドには、登山技術だけでなく、登山に対する考え方、判断する力を伝え

上／八ヶ岳を拠点に活動する加藤美樹。イタリア・ドロミテにて。ガイド仲間と共に（写真＝黒田 誠） 右下／コロラド在住の国際山岳ガイド木崎乃理恵。今後の日米での活躍が楽しみな存在（提供＝本人） 左／地元の山や川を大切に案内する高月弘子（提供＝本人）

る役目があり、それは、山岳ガイドの仕事を始めた当初から一貫した考えである。

ある冬、ミキヤツ登山教室のガイドに同行する機会があった。初日に八ヶ岳・赤岳鉱泉《あかだけこうせん》まで入山。山小屋に到着したあとに、人工氷瀑であるアイスキャンディでみっちりアイゼンワークを学んだ。アックスを振ってアイスクライミングをする人が大勢いるなかで、アイスキャンディの端にある下部の小さな氷の斜面を使って、地道に練習を重ねるのだ。これがこの先の登山に生きてくる。

技術も装備も進化していくものだから、加藤たちが伝える内容も伝え方もどんどんブラッシュアップする。常に新しい情報を得て、自分たちで新しい技術、新しい装備を試すのが土台にある。また、日々顧客に技術を伝えるなかで、顧客がどう反応し吸収するか、どのように彼らの技術が改善されていくかを観察し、講習の内容や伝え方を進化させている。

女性の登山者に必ずしも女性のガイドがよいとは限らないが、女性の顧客が、自分と同じような体格とパワーである加藤の登り方を目の当たりにできるのは、彼女たちにとって貴重な経験となるだろう。

加藤のようにクライミングロープを扱う登山をガイドするのは、身体的・体力的な面から女性には不利な点も多い。ショートロープピングという技術がある。通常のクライミングではなかなか使わないが、ガイドは頻繁に使う技術だ。ガイドと顧客（1〜2人）をロープで結び、ほぼ全員が同時に歩きながら登っていく。要所要所では1人ずつ動く場合もある。ロープを結ぶのだから、滑落は許されないような岩場や雪の斜面だ。

加藤の体重は45kg。女性のなかでも小柄であり、顧客は彼女より重い人がほとんどだ。その相手とロープを結び、万が一、相手が滑落したら止めなければならないのだから、大変な技術だ。滑落したときは、顧客を引き上げる際にも工夫が必要だ。人を引き上げるのは並大抵の力ではできないので、引き上げるためのロープシステムを構築し、道具も駆使する。しかし女性は男性ほどには力に頼れないため、自分に合った方法を見いだす必要がある。

ガイドレシオ（ガイドと顧客の人数の割合）を低くする場合も多い。多くの男性が2人の顧客を連れるところでも、加藤は1人にするケースがある。2人をつなぐ場合は、スタカットを多用する。通常クライマーが行なうスタカットとは少し異なり、ガイドが動きを速めて、顧客の動きは止めずに進んでいく。ショートロープピングは、基本的には片手でロープを持つが、加藤は時には両手でロープを持って制動をかける。滑落した場合の負担を軽減するために、支点を多く使い、顧客と自分の位置をよいように持っていくために、加藤は「おそらく男性のガイドよりも多く動きます」と言う。それだけ体力も使っているのだ。滑落を避けるために顧客の足元をよく観察する。「顧客への注意力は高いと思います」

とも言う。これらは教則本には載っていない。では加藤はどうやって身につけたのか。

彼女は夫の久野と、ガイドでもプライベートでも一緒に登ることが多い。久野は加藤とともに国際山岳ガイドをめざし、現在はその資格を取得し国内外でガイドをしている。二人の間では、互いの行動を客観的に観察し、改善や工夫できる点を話し合うのが習慣となっている。加藤も久野も試行錯誤を繰り返して、いまの技術を身につけてきた。

休日は久野とクライミングや山スキーに出かける。加藤が山スキーのガイドをすることはない。山スキーの経験は「雪を見る目」を養ってくれ、冬の八ヶ岳で登攀ルートをガイドするにも役立つという。

加藤は、「男性も女性も他者に頼るのが悪いわけではない。一人でがんばりすぎたって空回りしたり、ときには危険に陥る場合も少なくない。甘えすぎたり、頼りすぎるのではなく、よい匙加減で周囲に助けを求める。私は、久野というよき理解者に恵まれた。それがどれだけ救いとなったか。また年数を重ねるなかで、ともに働く若いガイドにも恵まれたし、長年通ってくれる顧客にも支えてもらっている」と言う。

ある日、加藤はガイド資格の更新講習に参加したとき、女性のガイドたちがかつての自分と同じように苦労しているのを目にした。力のある男性と同じ方法で、急な斜面で人を引き上げようとしていた。それではだめだ。加藤は思わず彼女らに声をかけた。力がない分、工夫すべき点など自分が知っていることを伝えた。よい指導者や仲間に巡り合わなければ、誰にも教えてもらえない場合もある。

「男性と女性は、性質も持てる力も別ものである。けれど、山岳ガイドとして最終的な到達点は、性別に関係なく同じものでなければならない。男女の違いとは、その結果を導くための過程においてあるものだ」と、加藤は言う。

加藤は、国際山岳ガイドになるための現行のシステムで講習や検定を受けた初めての女性だ。初めての女性は二人いて、もう一人は札幌市在住の菊池泰子《やすこ》。二人は同世代であり、ほぼ同時に国際山岳ガイドになるための検定を受け始めた。そして時期は多少前後するが、二人とも国際山岳ガイドになることを断念した。それは、本人たちの実力が届かなかった面もあったかもしれないが、検定の内容や方向性が定まっていなかった頃であり、受験者側も大いなる苦労をした時代でもあった。

加藤が国際山岳ガイドをめざした理由は、自分自身が経験したヨーロッパでのすばらしい登山に、顧客を案内したかったからだ。それは山に登るだけではない。ヨーロッパがもつ歴史ある登山文化にも触れてほしいと思った。さらには、ヨーロッパのガイドや登山者と触れ合うなかで、彼らに、日本の山、日本の登山についても知ってもらいたいとも思った。ヨーロッパでは、遠く日本に登山の対象となる山がたくさんあり、そこには美しい四季が巡ってくることすら知らないガイドも少なからずいるからだ。日本とヨーロッパの登山の懸け橋のような役割も担いたいと考えたのだ。

しかし、国際山岳ガイドになる道は険しい。氷河のあるヨーロッパ・アルプスで研修と検定を受ける。岩に登り氷雪壁に登り、山岳スキーで山々を渡り歩く。世界中のどの山でも、どのような条件でもガイドできるのが国際山岳ガイドの資格だ。加藤は足かけ4年、受講し続けた。そんな彼女の姿を見て、かつて私は加藤を「努力の塊」と書いたことがあったが、体力づくり、技術の更新、そのために費やす努力に、自然とその言葉が出た。

加藤と菊池が国際山岳ガイドを断念したいま、国内在住の日本人女性で国際山岳ガイドをめざす人は見当たらない。けれど、国際山岳ガイドになるために費やした時間や努力、その成果は誰のものでもなく、加藤や菊池の血肉となったはずだ。どの世界でも、道を切り拓く者の苦労は大きい。たとえ成し遂げられなかったとしても、国際山岳ガイドにトライした事実は揺るがず、それは必ずや後進に勇気やヒントを与えてくれるに違いない。

登山は旅。ラフトガイドから登山ガイドに

群馬県みなかみ町で「冒険小屋」を営むのは、高月弘子。冒険小屋は登山、バックカン

トリースキーといった山のアクティビティだけでなく、キャニオニング、パックラフトなど川遊びのサービスも提供するガイドカンパニーだ。また、同じ屋号のゲストハウスも経営している。川遊びもあるのは、もともと高月が大学で探検部に所属し、ラフティングが大好きだったからだ。彼女が登山ガイドの資格を取得したのは平成21（09）年であるが、それよりも以前、平成９（１９９７）年にラフティングガイドの資格を取得していた。

平成16（04）年、高月が33歳のときに夫の高月泰治《やすはる》とともに冒険小屋を始めた。泰治とは大学を卒業して間もなく知り合った。彼もまた、山だけでなく川も好きだった。けれど、8年後の平成24（12）年、谷川岳《たにがわ》で雪崩に巻き込まれ他界する。以来、弘子は冒険小屋の代表とゲストハウスの女将《おかみ》を一人で担ってきた。

高月の好きなガイディングは、旅要素があるものだ。登山は旅。パックラフトと登山を組み合わせたツアーも、川遊びや旅が好きな彼女らしい発想だ。パックラフトは一人乗りのラフトボートで、川から上がると空気を抜き、パッキングして背負える設計になっている。川を下り川から上がるとラフトを背負いトレイルを歩く。そうやって旅をするのも楽しい、と高月は言う。

ガイディングの内容やツアーの行き先を考えるのはガイドの仕事だが、そこにはその人の山を楽しむセンスや経験が如実に表われる。

高月は常々、「ガイディングは自分のキャパシティの半分ぐらいで行なうけれど、遊びのときは全力、全開」と言っている。ガイド業に冒険小屋の運営、ゲストハウスの経営と多忙なはずだが、高月が山や川で遊んでいる姿はよく見かける。それを彼女は「女将の休日」と呼んで楽しんでいる。自分が楽しめなければ、顧客を楽しませることもできない。自分の登山のスタイルがなければ顧客を導くこともできない。その人自身の登山のスタイルをもっているガイドは、よいガイドの条件を一つ満たしている。

さらに高月が強調するのは、おのれの力を知る、限界を知ることだ。「ガイディングは自分のキャパシティの半分」といっても、おのれの力を知らなければどこが半分かもわからない。そのためには自分をプッシュする機会が必要だ。けれど、ガイディングで自分をプッシュするわけにはいかない。だからこそ、遊びのとき、プライベートのときにいまの自分には少し難しい登山をして自分を押し上げ、自分を限界の近くまで追い込み、おのれの力を知る必要がある。そうすることで、自分の強みも弱点もわかる。命にかかわるような失敗をするわけにはいかないけれど、小さな失敗は時には大切だ。その失敗から学ぶものはたくさんある。

ガイド業のために遊んでいるわけではないが、高月は「だから、遊ばないガイドは信頼できない」と言う。彼女はよく遊びよく働くガイドだ。

高月もまた小柄である。登山ガイドⅢの資格は、時にはクライミングロープも使うし、穂高《ほたか》連峰の稜線や大キレット、劔岳《つるぎ》別山《べっさん》尾根のような岩稜もゆく。そういうとき、高月は核心部に入る前から充分に気を配る。たとえばこういうことだ。3日間の縦走で2日目に細い岩の稜線を歩く。最初に注意すべきは、初日から核心部に入るまでのあいだ、顧客を疲れさせないことである。そのためにはペース配分に気を配り、効率がよく安全な歩行技術も伝える。よい状態で核心部に入ることができたら、彼らの気持ちを緊張させるかリラックスさせるかは、相手の性質次第。核心部を無事に通過したあとも肝心だ。さらに気が抜けない。つまらないミスがないように、顧客を引っ張っていく。体力セーブのために、時にはゆっくり歩く。何かがあってもリカバリーできるよう、時間に余裕をもつ。そのために早く出発するケースも多い。これらはすべて、体力やパワーがないことを補うすべでもある。

これらを高月はラフトガイドのときに学んだ。ラフティングでは急な瀬に入るときがある。登山でいう核心部と同じだ。体格がよいパワー系のラフトガイドは、直前でもラフトの行く先を曲げて、急な瀬に入ることができる。けれど高月のように小柄で非力なガイドにはそれができない。もっと手前から流れを読み、ゆっくりとラフトを流れに合わせていき、急な瀬に入る。それが高月のようなガイドのやり方だ。

誰もが同じやり方ではできない。それは性別による違いとは限らない。ガイドの教則本に載っている事柄すべてが、自分に当てはまるわけでもない。誰もが自分に合ったやり方を探すしかないのだ。

川も山もガイドする高月は自身のことをこう語る。

「どのアクティビティも中途半端なのかもしれない。山のガイドさんは山に一途な人が多いでしょう。私は山も大好きだけれど、自転車にも乗りたいし川も下りたい。それぞれのアクティビティを究めることはできなかったけれど、自分の力の範囲内でガイドすればよいと考えている。アクティビティは究められなくても、ガイドとして良質なサービスを提供できるように努めたい」

女性のメンターに出会い、国際山岳ガイドの道を志す

アメリカのコロラド州ボルダーに住む木崎乃理恵の存在を知ったのは、彼女がアメリカ山岳ガイド連盟に所属し、そこでガイド資格を取得し、ついに国際山岳ガイドになったというニュースからだった。

木崎は日本の大学を卒業したあと、コロラド州にあるデンバー大学で学ぶために平成8

(96)年に渡米する。コロラドはスキーをする環境に恵まれており、石川県に生まれ育ち幼いころからスキーをしていた木崎は、コロラドでもスキー場に通ったり、スキーを使って山を滑るようになった。まもなくしてスキー滑走中にケガをしてしまい、リハビリでロッククライミングを始めた。スキーのように高負荷がかかるスポーツを当時はまだできなかったけれど、トップロープを使ってロッククライミングをする程度であれば、足が動くようになっていたのだ。木崎が20代半ばのころである。やがてロッククライミングにのめりこみ、やがて雪のついた山を登ったり、アイスクライミングもするようになった。

もちろん山スキーも続けた。あるとき木崎は、女性のためのアイスクライミングのセミナーに参加し、女性の国際山岳ガイドであるアンジェラ・ハウスに出会う。アンジェラは、現在アメリカ山岳ガイド連盟代表を務める名ガイドだ。セミナーのとき、アンジェラが木崎に「山岳ガイドになったらどう?」と声をかけてくれた。彼女の意図はわからないが、木崎が「私でもなれるでしょうか」と尋ねると、アンジェラは頷きながら微笑んだ。

木崎はアンジェラを「メンター」と呼ぶ。メンター……なかなか日本語にしづらい言葉である。先生でも先輩でもない。技術指導だけでなく、精神性ももって自分を先へと導いてくれる人。山岳宗教の用語でもあるが「先達《せんだつ》」が合うだろうか。

アンジェラの言葉に誘われて、ロッククライミングガイドの資格を取得した。それ以前に木崎は、アウトワード・バウンド（冒険学校）で主に子どもたちを対象にした野外教育の仕事に携わっており、人と接したり、自然のなかで仕事をするのを好んでいた。いよいよロッククライミングガイドの仕事をするなかで、木崎は「よりよいガイドになりたい」と思うようになり、スキーガイドやアルパインガイドの資格取得もめざした。山はロッククライミングだけではない。スキーもすばらしいし、アルパインガイドの職域である氷河の山の登山やアイスクライミングも魅力的だ。幅広い内容のガイドをしたいと考えたのだ。また、ガイドのトレーニングをするなかで、新しい技術、よりよい技術に触れられる機会にも価値があると考えていた。

アメリカ山岳ガイド連盟のシステムでは、ロックガイド、アルパインガイド、スキーガイドの資格を取得すると、国際山岳ガイドになる。木崎は足かけ13年で国際山岳ガイドの資格を取得した。13年という年月はけっして短くない。「ガイドのなかでも時間がかかったほうだ」と木崎は言う。その間、たくさんの山に登りトレーニングをしてきたが、そんなときもアンジェラは、メンターであり自分を支えてくれる親友でもあった。

木崎にはアジア人であるハンディもあった。どうしてもアジア人という先入観で見られるときがある。「女性だから体力的に弱いでしょう」と決めつけられるのと同じだ。木崎は「私はマイナススタートだった」と言う。けれどその分、トレーニングをたくさんした。

よくアンジェラと話すのは、精神性や思考のことだ。マイナススタートで自分に不利な点が多いなかで、いかに精神を安定させて、物事を整理し意志を強くもち続けるか。そのためにはどんな思考をしたらよいか、意見を交換する。

顧客への指示についても考えた。クライミング中はなるべく簡潔な表現で顧客に指示を出し、安全を確保しなければならない。「普段の私では使わないような言葉遣いや言い回しであっても、より明確に相手に伝わるような言い方を考え、練習した」と木崎は話す。

ショートロープピングの試験のとき、検定員が木崎を褒めてくれた。「体格が小さい分、よく考え工夫して行動している。このような技術や行動を身につけるには、さぞかしたくさんのトレーニングをしたことでしょう。すばらしい」と。検定員が、その人のもつ特性や弱点を認識し、それをどのように克服しているかちゃんと見てくれていた。そしてそこに至るまでの道のりも評価してくれた。木崎にとって、とてもうれしい出来事だった。

国際山岳ガイドの資格を取得するまでの13年の間に、木崎は妊娠・出産を経験し、キャリアは一時ストップした。

妊娠中も大変だったが、出産後も大変だ。子どもが起きる前の明け方、一人でトレーニングをする。一人になれる時間はここだけ。授乳期間中は、子どもを預けてガイドをしていても、母乳を絞らなければならない。顧客に事情を説明し、岩場で母乳を絞っていた。

愚問ではあるが「子どもを持たない人生、妊娠を先送りにすることも考えたのか?」と尋ねると、「一生を終えるとき、国際山岳ガイドとして成功することと、子どもを産み育て、子どものある人生を過ごすこと、どちらが幸せと思うか考えて妊娠を選択した。年齢を考えても先送りにはできなかった」と答えた。

アメリカ山岳ガイド連盟でも、国際山岳ガイドになったのちに妊娠と出産を経験した女性はいるが、国際山岳ガイドの試験を受けるときにママだったのは木崎が初めてだ。「妊娠、出産、子育てと山岳ガイドの仕事を両立できているのは、よいパートナーとよい仲間に恵まれたから」と木崎は語る。

全国には女性のガイドがあまたいるが、今回は3人を紹介した。女性のガイドがもつスキルや経験を目の当たりにすることは女性登山者にとってもメリットが多い。さらには、職業として山を選び人生を通して山を登り続けている姿からは、共感や生きるヒントも得られるだろう。女性ガイドのニーズは高まっているはずだ。今後さらに彼女たちの活躍の場や働く環境が充実することを望んでいる。ひいてはそれが、登山界に多様性をもたらし、登山の世界を広げることにもつながるだろう。

大学山岳部

大学時代、山に力を注ぎ込んだ女性たちがいる。
時には男性部員のなかで一人、また女性初の主将として
大学は違えど、悩みや葛藤を抱えお互いを鼓舞した。
そして、彼女たちは登山と山に在ることに喜びを見いだし、
学生時代に得られたことを自らの血肉として
その後の人生を歩んでいる。

「よい思い出はない」との答えの背景にあるもの

大学のキャンパスに山岳部の部室があったことを、認識していただろうか。大きなザックを背負い、山に向かう学生たちの姿を、見かけたことはあるだろうか。大学山岳部は四季を通じてオールラウンドな登山をしており、年間の山行日数は100日を超える部も少なくない。男性が部員の大半を占め、部員減少に悩んでいる大学も多い。平成期に部員ゼロが続き、廃部になった大学もいくつかある。そのようななか、大学生活を山に注ぎ込んだ女性たちがいる。彼女たちは、どんな大学生活を送ったのか。あのときの時間は、卒業後の彼女たちにどんな影響を与えたのだろうか。

私は大学4年間を通じて獨協大学山岳部に在籍し、平成3(1991)年に大学を卒業した。平成初期の大学山岳部を、身をもって経験したことになる。高校時代に山岳部で活動をしており、大学でも登山を続けるために、大学山岳部か社会人山岳会に入ろうと決めていた。学内に友達ができたほうがうれしいので、できれば大学山岳部に入りたかった。

入学式が終わるやいなや、山岳部の部室を訪ねた。対応してくれたのは、主将の齊藤尚之だった。のちのち振り返ると、私が大学で4年間の部活動を続けられ、ますます登山が好きになったのは、主将であった彼の存在が大きい。初めて部室を訪れたとき、私は彼の話しぶりから、「この人は、人を平等に見てくれるんだ」と直感的に思って、入部を決めた。まだまだ親に守られた立場。ほんとうの人生の辛酸をなめ、男女の差別を味わうのは、私の場合は社会人になってからだった。人生のことなんて何もわからず、のんきで平和で、だから直感といっても、それがなんだったのか得体は知れない。けれど、実際に齊藤は、同期の男性部員3人と私を差別することはまったくなかった。それぞれの長所を引き出してくれ、弱点を教えてくれた。

しかし、今回この本を執筆するにあたり、平成期に大学山岳部に在籍した女性たちにアンケートを取ると、私のように「楽しかった、充実していた、人生の宝物だ」というケースだけではないことを知った。アンケートに回答してくれたのは40人。「正直、よい思い出はない」「いまは距離を置きたい」「後輩との関係がうまくいかず、一緒に登ることに怖さを覚え退部した」。卒業まで続けたのは「義務感」「途中で投げ出すのが嫌だったから。モチベーションは低かった」という回答もあった。その多くが、男性部員と体力的な差を感じて苦しいという状況に由来するものだった。回答者のうちの70％が、在籍中に女性部員が自分一人の時期があった。

こんな声がある。4年生の夏合宿終盤。中央大学の青木美紅《みく》と、男性の後輩部員2人のメンバーだった。北アルプス・雷鳥沢《らいちょう》から奥黒部《くろべ》ヒュッテまでの長い一日に、途中で体力的に厳しいと感じたけれど、負けず嫌いが勝り言い出せず、あと少しでヒュッテに到着するところで、黒部川に転落。ヘリ救助となり、合宿はそこで中断。本人もそれ以降は部活動ができず、厳冬期にどこかの山頂に立つ夢も夢で終わった。「もう一度だけやり直せるなら、4年の夏合宿を無事完遂させたい」と言う。その気持ちは、痛いほど伝わってくる。

早稲田大学山岳部の桜庭《さくらば》由季子《ゆきこ》は、1年生の春合宿で雪崩に埋まった。なすすべもなかった。「登山は死と隣り合わせ」を実感し、山を続けるかどうか悩んだ。けれど下山後、「山で死なないために」部員同士のコミュニケーションや意思伝達について、よくよく話し合った。普段から言いたいことを言う。先輩・後輩関係なく感じたことや意見を口に出す。日常で言葉を交わしよく交流していなければ、山で危険に直面したときに良好なコミュニケーションはとれないからだ。桜庭の経験は、部全体のコミュニケーションを改善するエピソードであるが、言いたいことを言い合う……男女差を埋めるには、こんな普段からの取り組みが必要なのかもしれない。

東京農工大学山岳部だった畠山（現山岸）亮子《りょうこ》は、「山岳部の活動は、ミスが重大事故につながる。体力・技術の不足で迷惑をかけてはいけないと思ってしまうけれど、できることとできないことをしっかりと判断しメンバーに伝えることが大切」と言う。

これから登場する女性たちは私と同様、山岳部での活動がかけがえのない経験となった人たちだ。何を感じ、考え、登ってきたのか。彼女たちの周辺や、いまの彼女たちの姿を含めて紹介したい。

強豪早稲田史上初の女性主将

渡邉《わたなべ》（現柴崎《しばさき》）佳苗《かなえ》が早稲田大学山岳部に入部したのは、平成10（98）年のことだ。渡邉の入部前に部員であった、前述の桜庭は平成4（92）年に卒業。その後もぽつりぽつりと女性部員はいたようだが、女性が主将になったのは、大正9（1920）年の創部以来、渡邉が初めてだった。ちょうどそのころ、私も渡邉と知り合う。元気で明るくコロコロとよく笑う女性だった。小柄であるが、存在感があるためか、そんなに小さいという印象をもったことはなかった。けれど今回、渡邉に当時のアルバムを見せてもらうと、大柄な男性たちに囲まれて一人小柄な渡邉が写る姿や、自分の頭を一つ二つ飛び出たような大きなザックを背負って歩く姿、時には登攀する姿もあった。

渡邉は、小学生のころからスイミングスクールに通い、高校ではバタフライで国体に出場する実力があった。幼少期から家族に連れられて、スキーや登山をしていた。

学習院大学山岳部・内野麻衣子（右）が主将を務めたときの厳冬期冬合宿、北八ヶ岳で

早稲田大学山岳部・渡邉佳苗。アイスクライミングをはじめオールラウンドに山に入った

渡邉（右）と内野（左）と剱岳へ。共に支え合った（提供・上3点＝本人）

信州大学山岳会・高井野乃子は、現在は森林に関する仕事に就いている（写真＝塩谷晃司）

海外登山に憧れて立教大学山岳部に入部した小山さやか。ネパールのパンバリ・ヒマール遠征で（写真＝中島健郎）

高校生のころ、写真家・星野道夫の著作を読みふけった。彼のように山のなかに身を置き、自然に近いところで過ごすことに憧れがあった。だから山岳部に入ろうと決めた。登山サークルもあったけれど、しっかりと登れるようになりたいと山岳部を選んだ。

1年生の夏合宿は、新穂高《ほたか》温泉から剱《つるぎ》岳への北アルプス縦走で始まった。初日の荷は30kg程度。早稲田は男女で荷物の重さに差をつけない。初日は過呼吸になり、つらかった。体力は経験とともに、だんだんとついてきた。4年生になるころには楽になり、山が楽しくなった。5年間の山岳部生活でいちばん思い出に残っている山は、2年生のときの春山合宿（2〜3月）で北海道・日高《ひだか》山脈を縦走したときだ。この合宿を最後に先輩たちが部を去り、新年度の4月からは渡邉が主将になることが決まっていた。約10日間の山行であり、荒天などの理由で5日間同じ雪洞に泊まったと、笑いながら話してくれた。

翌年2月の、主将としての合宿も忘れられない。北アルプスの爺《じい》ヶ岳東《ひがし》尾根を登って、赤岩《あかいわ》尾根を下降。赤岩尾根は上部が急峻であるため、コーチ会で下りるなと言われたけれど、「私たちは大丈夫」と判断した。「コーチ会はどうしても慎重になるけれど、私たちはできるのにと思っていた。いま思うと相当な若気の至り」と当時を振り返る。

コーチ会とは、多くの山岳部に存在する組織だ。大学山岳部は、大学という教育の場で行なわれる活動。たとえ成人しても、社会人山岳会の活動とは性質を異にする。大学側も山岳部の活動に責任をもたなければならないけれど、専門的で、また死につながるリスクを含む活動であるため、大学が山岳部の活動を指導するには限界がある。そこで設けられるのがコーチ会。山岳部の卒業生によって構成され、監督とコーチがいる。大学はコーチ会に指導を委任する形をとり、コーチ会が山岳部の指導に当たる。山行計画を確認し、時には中止や計画変更を命じたり、合宿に同行して技術指導に当たる場合もある。

渡邉は3年生で主将になってから、主将としての苦労もしていた。2年間、山岳部で培った体力と技術、経験はあるけれど、どうしても体力面では男性部員よりも弱い。ともすると、2年生部員にも体力で負けるときがある。そこで渡邉は部員たちに言った。

「あなたたち、私よりも荷物を多く持ってちょうだい。私はリーダーとして、余力を残しておかなければならない。判断力も要求される」

自分が先にバテてしまっては、部員たちはそんな主将の判断や指示に従ってくれないだろう。同じ重さの荷物を背負って、同じスピードで歩き続けるのは困難だ。それならば、彼らに多く荷物を持ってもらおうと考えたのだ。強がったりはしない。自分の弱点を認め、受け入れ、その上で主将として働こうとする。聡明で意志が強い人だ。20歳でこれだけの判断ができ、自分の考えを周囲に伝え、実行できるのはすばらしい。

渡邉は、2年生のときに日本山岳会学生部隊に参加し、他大学の山岳部員たちと共に、中国・四川省の雪宝頂（5588m）に登頂。自分たちでルートを描き、クライミングロープを伸ばしながら登る経験は強烈なものとなった。

翌年は早稲田大学山岳部の創部80周年で、OBと後輩の学生と一緒に、チョン・ムスターグという未踏峰に遠征した。中国崑崙《クンルン》山脈にそびえる標高6962mの山だ。渡邉にとっては、前年に続き二度目の海外の山。登頂はできなかったけれど、同じ大学の仲間と海外登山ができたことがうれしかった。得るものは多く、渡邉を一回りも二回りも大きくした登山だった。その後、デナリ（6190m、アラスカ）に登頂したとき、ふと思った。「これまでどこかに理想郷があるのではないかと、あちらこちらの山を登ってきたけれど、遠くに探しに行くものではない。いま自分がいる場所を大切にすればいいのだ」と。

渡邉は、遠征や長期合宿のように長期間山に入るのが好きだった。星野道夫に憧れたように、長い時間、自然のなかに身を置くことが心地よかった。卒業後は山小屋で働いたり、山の見える日常に憧れ信州で料理人をした。いまでもスキーや登山が日常にある。

ソウルメイトの二人

渡邉の世代には、他大学にも女性部員が何人かいた。そのなかで互いに「ソウルメイト」

と明言するのが、学習院大学山岳部の内野（現脇坂《わきさか》）麻衣子だ。卒業後二十余年経ついまでも、二人は大親友だ。内野の活動については後述するが、二人は互いの存在に励まされ、勇気づけられながら山岳部の活動をしていたようだ。個人山行を共にしたり、部活動後二人で話し込んだり、多くの時間を共有してきた。内野も女性一人で山岳部に在籍し、上級生になったときに主将になった。埋められない男性部員とのギャップ、主将になってからどうやって部員を引っ張っていくか、部員不足の山岳部を存続させるにはどうしたらよいかなど、二人に共通する悩みは山ほどあった。女性部員ゆえの悩みだけでなく、山岳部を運営すること、山を登り続けることなど、性別に関係のない悩みや話題も多かった。苦労は多かったというが、いまでも楽しく当時を振り返りながら話す二人を見ていると、二人が共有したのは、苦しいことだけではなかったのだろう。「佳苗ちゃんががんばっているから、私もがんばろうって思った」と内野は話す。渡邉の山行記録を知り、内野が鼓舞されることもあり、また、その逆もあった。

ある年の夏、渡邉と内野は、内野の後輩の丸山（現花谷《はなたに》）裕子《ひろこ》を誘って劔岳に行った。多くの大学山岳部が劔岳で夏合宿をするが、「私たちは登ったことがなかったんですよ。佳苗ちゃんは毎年夏に劔で合宿していたから、ほんとたくましかった」と、内野は振り返る。

渡邉は山岳部での5年間を「それは、私の一部」と言う。山岳部の仲間はどんな存在かと尋ねると、「いまは遠くにいるけれど、縁が切れることのない絶対的な存在。いつ会っても、すぐにあのときに戻れる」と。このように話すのは、渡邉だけではない。アンケートを読んでも、生涯の親友を得た、人生の伴侶と出会ったというコメントも多い。若い多感な時期に、寝食を共にする、体力の限界に近いところで取り繕うことなくそれぞれの素の顔を知る、そんなことを経て仲間であり続けるのは、またとない出会いだったと言えよう。

女性主将が四代続く学習院

内野が学習院大学山岳部に入ったのは、平成9（97）年。渡邉が入部する1年前のことだ。内野もまた、星野道夫に憧れていた。父が高校時代に山岳部だったこともあり、子どものころからアウトドアで遊んでいた。大学にはさまざまな部があったけれど、内野はいろいろなところへ行きたい思いが強かった。ポスターを見て山岳部がいちばん旅の要素が強いと思い、部室を訪ねた。同級生の友人が一緒に入部したことも心強かった（のちに彼女は退部することになるが）。

内野らは、14年ぶりの女性部員だった。けれど、厳冬期の山をやる人は内野以外いなかった。そのような事情もあって、無雪期は女性部員だけでパーティを組んで合宿を行なうけれど、積雪期になると内野は男性部員に交じって女性一人で合宿に参加した。通常、夏よりも冬のほうがつらい。荷物は重くなるし、ラッセルもある。気象条件も厳しい。その時期になってから男性のなかに一人交じるのだから、体力の差をつきつけられる。「安全なところではみんなに置いていかれ、独りぼっちで歩いた。なんで一人なんだよーって思っていました」と笑う。

やがて男性部員たちもやめていき、内野が主将になった。後輩には前述の丸山がいて、その次の学年に柴田（現辻）由布子《ゆうこ》と西川（現山口）静枝《しずえ》がいた。学習院大学山岳部始まって以来、初めて部員が女性だけになりその後、柿本（現小久保）真理まで女性の主将が四代続いた。

内野は、自分が主将になった年、厳冬期合宿の行き先を北八ヶ岳《きたやつ》とした。大学山岳部の厳冬期合宿は、体力を必要とする北アルプスや南アルプスなど山深いところが定番だ。けれど、内野はそんな固定観念にとらわれなかった。自分の実力を考え、後輩3人を安全に率いることができる山域として北八ヶ岳を選んだのだ。余計な背伸びはしない。北八ヶ岳が自分の身の丈に合っていた。渡邉も同様だったが、そういった判断ができるのは賢く強い人だ。内野は「男性部員に頼ることなく、自分たちの力だけでやり遂げたことがうれしかったたし、とても楽しかった」と、当時を振り返る。

丸山と二人で登った谷川岳《たにがわ》一《いち》ノ倉《くら》沢中央稜も印象的だった。時間がかかってしまい、稜線まで抜けることができなかった。下降地点を探すにも、見つけられず、日が暮れてきた。ビバークを決め、ハイマツのなかでザックに足を突っ込み二人で夜を明かした。痛恨のミスはツエルトを忘れたこと。これは下山後、コーチ会でこっぴどく怒られた。寒い夜だったけれど、二人で励ましあって夜を越え、日の出を迎えたことは忘れられないと語る。

2年生の夏は、学習院大学山岳部創設80周年記念で中国四川省の未踏峰レッドメイン（6112m）の遠征に参加した。ポーターであった地元の女の子が印象的だった。彼女と腕相撲をしたら、内野はあっさりと負けた。高校で柔道部だった内野は腕力に自信があった。一方、彼女は、毎日水くみなど自然のなかで働いているだけだった。自然を相手に働く人がどれだけ強いかを知った。レッドメインでは、OBであり当時のコーチだった棚《たな》橋《はし》靖《やすし》（現在、国際山岳ガイド）と4年生部員2人が登頂した。登頂できなかった内野は、「登頂できる、できないという結果の違いが、どれほど大きいのか味わった。達成感がなく、心をそこに残したままだった」と話す。

その悔しさが翌年のデナリへとつながった。渡邉が内野の前々年に参加した遠征と同じ日本山岳会主催の隊で、登山家の大蔵喜福《よしとみ》がリーダーだった。デナリに風速計を設置するなどして気象観測も目的とし、毎年実施されていた。隊員には各大学山岳部の部員や社会人がいた。内野たちは無事登頂した。レッドメインでの悔しさを払拭できた内野は、「自分の足で登って、自分の足で山頂に立つのはほんとうに気持ちよいと、改めて実感した」と、当時を振り返る。

内野が主将になるころに部員が減り、一時、部の存続が危ぶまれた。部員がどんどんやめていく姿をみて、内野は一人悩んだ。同期の男性部員がやめたときには、自分もやめたくなった。けれどいまここで自分がやめたら、学習院大学山岳部の長い歴史が途絶える。それが悔しかった。山は大好きだった。自分が登りたい山に登るためにもがんばった。

大学山岳部で学んだのは、自己責任だという。綿密に計画を立て準備をする。いかにちゃんと準備したかどうかは、山で自分に跳ね返ってくる。山のなかで動けるかどうかも、自分次第。どれだけトレーニングしたか、登りこんだか。自分がやってきたことすべてが結果に出る。それを知ったのが登山だった。

3年生、4年生と経験を積むごとに、心身ともに強くなった。そうなると、がぜん山登りが楽しくなった。もし、いまの女性部員に言葉を贈るとしたら?と問うと、「自分の力で登れるようになると、山は格段に楽しくなる。それを信じて、しっかり鍛えて気力と体力をつけてほしい」と。人に連れていかれるのではなく、どんな範囲であっても自分で登れるようになってこそ、山の世界は広がる。

海外登山をしたくて立教大学山岳部へ

大学のホームページにあった海外登山の写真を見て、こんな世界もあるんだと山岳部に入ったのが、小山《こやま》（現増本）さやか。平成16（2004）年のことだ。入学式後早々に新人勧誘をしていた山岳部の立て看板の前に行くと、座っていた部員が上級生を呼びにどこかへ行ってしまった。小山は、女性が来たことに驚かれたのかと心配に思った。女性部員は約20年ぶりで、彼らには「女子が来ちゃったよ。どうしよう」と戸惑いもあったようだ。それでもいざ入部をすると、互いに違和感はなかった。

冬合宿前に同期が退部してしまい、1年生は小山一人になった。小山にはこれまでに水泳部、バスケットボール部と運動の経験はあったけれど、山岳部に入ったばかりのころはつらかった。山行中のことは、先輩の背中と足元の登山靴しか覚えていない。それでもやめなかったのは、やっぱり山に登るのが楽しかったのだと話す。

同期がいない小山にとって、日本山岳会の学生部や登山研修所に集まる他大学の山岳部員との交流はかけがえのないものだった。いい仲間ができたし、研修所は「講師もめちゃくちゃおもしろかった」と言う。小山は師匠として、長岡健一、松原尚之《まさゆき》、上田幸雄《ゆきお》、馬目《まのめ》弘仁《ひろよし》、黒田誠《まこと》、岡田康《やすし》といった名前を挙げるが、彼らは現在も第一線で山岳ガイドとして活躍している。彼らから山に対する考え方を教わり、世界が広がった。

専修大学山岳部の加藤（現浦部）好美《よしみ》という同性の仲間とも出会った。山の話で、一気に盛り上がり、やがて小山と加藤らの間に、ネパールの未踏峰をめざす計画が持ち上がった。日本山岳会学生部隊だ。言いだしっぺの加藤がリーダーであり小山がサブリーダー。メンバーのなかには、現在山岳カメラマンとしても活躍する登山家の中島健郎《けんろう》も含まれていた。めざす山は、標高6887mのパンバリ・ヒマール。2年生のころから1年かけて準備を整えた。同世代、ほとんどが海外の山に行ったことのない者同士。年齢や経験が同じぐらいというのがよい。一から準備を始めるが、どうしたらよいのかわからないことがたくさんあって手間も時間もかかった。山でのトレーニングは先輩から教わるだけではなく、自分たちでもやるようにした。それは、とても楽しいことだった。そして、平成18(06)年9月、5人のメンバーは、25日間の登山期間を経て、パンバリ・ヒマールに全員が初登頂した（当初からベースキャンプまでと予定していた一人をのぞく）。

その後、小山は日本山岳会学生部の委員長になった。日本、中国、韓国の学生が交流する企画が始まったときで、それも小山にとっては楽しかった。中国と韓国の学生が来日し、冬の白馬でスキー合宿をした。のちに社会人になってから、小山が韓国にクライミングに行くときには、彼らにお世話になった。

立教大学山岳部の主将にもなった。そのとき、OBに「女性が主将になるなんて、どうしようもないな」と言われたのは、とても悔しかった。

けれど総じて、人に恵まれたと小山は言う。仲間と登ることが楽しかったから続けられた。2年生のとき、上智大学の同期にいた本田由香子が沢登り中に遭難死した。その経験は、小山に大きな影響を与えた。ほかにも遭難事故は後を絶たず、小山は主将になって後輩を連れていく立場になったとき、考え込んだ。「登山は楽しい。一緒に登ろうよ」というだけで勧誘するのは難しい。命がかかっている行為に簡単には誘えなかった。みな、死にたくて登るわけではない。むしろ山に登るなかで自分たちは生き生きとしたし、生きていると実感できるのが喜びだった。それはよくわかっていたけれど、友人知人たちが山で亡くなるのは、いたたまれなかった。卒業後、前述の加藤がパンバリ・ヒマールの仲間と結婚し、子どもを産んだ。それまで人の死が身近だった小山は、「ああ、命はこうやってめぐっていくのだ」と感動した。その加藤は、いまでは3人の子の母親だ。子どもが小学生になり、コースタイムより早く歩けるようになったので、そろそろ家族でテント泊縦走を始めようと考えているそうだ。

大学山岳部での経験は自分の世界を広げてくれ、いまの生活、生き方の原点にもなっていると小山は言う。

小山はいま、夫であるクライマーの増本亮《りょう》と、令和3（21）年に生まれた娘と三人で、山梨県北杜市の森のなかに暮らす。結婚してからも、増本や仲間たちと自分自身をプッシュする登山を続けてきた。けれど娘が生まれたいま、娘が生活の中心となった。かつてのようなクライミングはできないとしても、娘と一緒に自然のなかで過ごす時間を、二人は大切に思っている。多くの仲間を山で失ったが、生まれてくる命もある。小山が加藤の出産のときに抱いた感情を、自分のこととして感じている。

自分たちでできることは自分たちでやる、というのが二人暮らしの根幹にある。そういった暮らしぶりも、山岳部から始まった登山で身につけた学生時代のヒマラヤ登山、増本と巡ったアメリカ大陸縦断のクライミングツアーやパタゴニアで過ごした日々など、小山が山で過ごした時間は膨大だ。ヒマラヤのベースキャンプでも、車を借りてアメリカ各地の岩場を巡ったときのキャンプ生活も、非常にシンプルだった。水を汲みにいき無駄遣いをせずに使う。オフグリッドの生活だから、日没後に長く起きていることはない。炊事も住処も、なるべく少ない道具と設備でまかなった。こういった山での生活が、いまの二人の日常にも影響を与えていると小山は言う。「足るを知る」のごとく、多くは持たない。足りないものがあったら、まずは自分たちでつくることを試みる。

いつでもやめられるならばと、信州大学山岳会へ

平成28（16）年入部の高井野乃子《ののこ》は、大学では学業を優先させたい、高校山岳部で登山を覚えたが、大学ではそこそこでよいと思っていた。信州大学の登山系クラブのなかでもひときわ厳しい山岳会（信州大学では山学部ではなく山岳会と称する）では、退部する人も一定数いるため、「来るものは拒まず、去るものは追わず」の精神で「登山を始める装備とお金を準備できれば入部していいよ。いつやめてもいいんだ」と先輩は言った。「いつやめてもいいんだ」。そう思うと気が軽くなり入部したが、活動はとてもハードで、学業との両立も難しいほどだった。特に、男性部員と比べて体力のない高井は、日々のトレーニングや週末の山をこなすだけで精一杯。疲れ果てて帰宅し、すぐに寝てしまう。それでも、歯を食いしばり5年間続けた。いつでもやめられると思って入部したけれど、結果は山岳会一色に染まった大学生活だった。

いちばん心に残っているのは、主将のときの2月の南アルプス縦走。深南部《しんなん》の池口岳《いけぐち》か

ら北岳《きた》まで17泊18日。無風快晴だった赤石岳《あかいし》山頂が忘れられない。入山時の荷は45kgほど。信州大学山岳会は荷物の重さに男女差はつけないので、高井も同じように背負った。登山道具はずいぶん軽量、コンパクト化されたといえども、彼女の会ではこれぐらいの重さになる。冬の登山靴は、スカルパのベガ。かなり古くからあるプラスチックブーツだ。その理由を尋ねると、安いからと。さらには20日近い雪山を登るとなると、二重靴であるプラスチックブーツのほうが扱いやすいという。それも納得だ。

ところで、高井は主将を務めた1年間、大学を休学している。勉学と両立できると思えなかったからだ。山岳会をやめると考えたときもあったが、少なくとも自分が教わったこと、自分が連れていってもらったルートは後輩に伝えなければならないと思った。主将に専念した1年後、大学5年生になり研究に戻った。高井が所属していたのは、森林生態学研究室。卒業論文のタイトルは「西駒《にしこま》ステーションの亜高山帯常緑針葉樹林における土壌呼吸の年変動」だ。夏の時期は毎週中央アルプスを標高2400mまで登ってフィールドワークをしていた。

山岳会で学んだのは、やるべきこと、やりたいこと、やったほうがよいことを考える重要性。山岳会を運営するには、後輩に技術や経験を伝承していくには、やるべきことが山ほどある。1年生の指導は2年生の役割だ。これはやるべきこと。リーダー層が部を率いるのもやるべきこと。やりたいことも山ほどある。あっちの山も登りたい、こっちの山にも登りたい。けれどそれだけやっていては会に何も残せない。やったほうがよいことは、会をよりよくするため。やるべきことのプラスアルファだ。会の活動の一つ一つをこの3つに区分して、バランスよく責任をもってやり遂げるのが、会を運営する上で大切だと高井は言う。高井の仲間たちはやるべきことをきっちりとやる人たちだった。だからとても気持ちよかった。

「友達であれば、あなたの考えはあなたの考え、それでいいのよ、と言える。けれど仲間と一つのものをつくっていくのは違う。どこかに落としどころをつくらなければならない」と言う。高井は令和3（21）年3月に大学を卒業したばかりだ。大学での研究を生かし、森林に関する仕事に就いている。仕事で生きているのは、大学で勉強したことだけではない。山岳会で経験した、やるべきこと、やりたいこと、やったほうがよいことを考えるのも、大いに役立っている。仕事の多くはやるべきこと。けれどこの先、社会での経験を積みながら、仕事の上でもやりたいこと、やったほうがよいことをバランスよくやれるようになりたいと高井は語る。

今回インタビューを逸した一人は、東海大学山岳部の小松由佳。初の女性部員、初の女性主将。卒業後に同山岳部隊でK２（８６１１ｍ、パキスタン）に日本人女性初登頂。渡邊や内野よりも若く小山よりも上の世代だが、みな異口同音「彼女は心身共に強かった」と言う。男性のなかでやりぬいた彼女のメンタリティーについて、話を聞きたかった。

ここに登場してくれた女性たちは、貴重な経験をした存在なのかもしれない。大学山岳部はチームである。チームであれば、それぞれの長所を活かし、弱点を補い助け合いながら登るのは当然だ。性別ではなく、それぞれの個性として生かしていく。それが自然に行なわれていた。部員同士は、命に関わることが起きる登山を、長く共にする。それぞれの本性も出る。体力的に疲れてくれば、エゴも出る。それを越えた先にある喜びを共にしたことが、生涯の仲間をつくったのだろう。

社会人になってから、このような登山経験ができるケースもある。しかし、10代の終わりから20代の初めという多感な時期の経験は、かけがえのないものとなった。

大学山岳部で色濃い経験をした者は、卒業後、趣味の領域で登山を続ける者もいれば、山の社会で働く者もいる。パタリと山をやめた者もいる。進む先はそれぞれであっても、内野が大学山岳部で学んだことは自己責任と言ったように、小山が「足るを知る」のごとくのライフスタイルを築いているように、それぞれの人生のなかに、山岳部での経験が生き続けている。

スポーツクライミング

アメリカ・ヨセミテで洗礼を受けたクライマーによって、
昭和50年代に日本に持ち込まれたフリークライミング。
先達がその土壌をつくり、小林由佳をはじめとした
世界トップクラスのクライマーが日本で育った。
いま、スポーツクライミングとして先鋭化するとともに、
裾野を広げ、多くの人が壁を登ることを楽しんでいる。

すべての人にとって目標としうる対象が岩

アメリカ人女性のクライマー、リン・ヒルが、ヨセミテ・エルキャピタンのノーズをオールフリーで初登したのは、平成5（1993）年だ。このときリン・ヒルは、32歳。フリークライミングの聖地であるヨセミテ渓谷の谷底から、ひときわ大きくそそり立つ一枚岩がエルキャピタン。標高差は900m余りある。ノーズはエルキャピタンの初登ルートであり、南面中央に走る。登山やクライミングの世界でも、ほかの分野同様「女性初」という称号がついてまわる。女性初のモンブラン登頂者、女性初のエベレスト登頂者など。リン・ヒルも例外ではなく、女性最難グレードを登った、女性で初めて5・14を登ったなどといわれてきた。けれど、ノーズという世界的に有名な30ピッチのルートをオールフリー化したときには、「女性初」というタイトルはなかった。女性も男性も関係なく、誰も登ったことがなかったからだ。さらにリン・ヒルは、その1年後にノーズをワンデイオールフリーで完登した。これも性別関係なく初めての快挙であり、この偉業はその後10年以上にわたって誰も達成しえなかった。

リン・ヒルを前にして「女性初」とうたうのは意味がない。彼女は、自著『クライミング・フリー』（リン・ヒル、グレッグ・チャイルド著／小西敦子訳／光文社文庫）で、このように書いている。

「クライミング界の外側での性差別的な言動にはしばしば失望させられるが、クライミング界の内側でのそれには大いに憤慨させられる。それはたぶん、クライミングが本当の意味で男女の分け隔てのないスポーツだからだ。肉体的な差異に関係なく、洞察力、意欲、努力を適切にコンビネーションさせれば、どのようなルートだって登れることに気づいた。背が高くても低くても、男性でも女性でも、すべての人にとって目標としうる対象、それが岩」

さて、日本にフリークライミングがやってきたのは、リン・ヒルのノーズ初登よりも20年余り遡ったころのことだ。70年代後半にヨセミテで洗礼を受けた日本人のクライマーたちが、その思想や行動を持ち帰ってきた。女性でいうと、室井由美子、大岩《おおいわ》あき子、北山（旧姓田島）厚美《あつみ》らが先達だろうか。

小川山《おがわやま》（長野県）の親指岩《おやゆび》に、小川山レイバックという、ひときわ美しいクラックのルートがある。初登者は室井だ。昭和55（80）年、室井は、このコーナークラックをつたって親指岩のてっぺんまで登った初めてのクライマーになった。同時期に仲間たちと、クレイジージャムやホリデーも拓いた。いまなお多くのクライマーを引きつけるルートであり、小川山を代表する名作だ。室井は、ＪＥＣＣ（日本エキスパートクライマーズクラブ）という社会人山岳会に所属し、小川山レイバック以前は、穂高《ほたか》連峰や谷川《たにがわ》岳などにある岩壁を、四季を通じて登攀していた。昭和54（79）年の秋に2カ月ほどヨセミテで過ごし、多数のクラックルートを登った。帰国後は小川山で過ごす時間が多くなり、数々のルートを開拓した。室井の歴史的クライミングは昭和の時代に集中しているが、室井は平成、令和と登り続けている。人生でもクライミングでもパートナーとなったのは吉川弘。室井と共にクライミングをしてきた。二人には室井登喜男《ときお》という昭和48（73）年生まれの息子がいる。両親の影響を受け、子どものころから岩を登り、クライミングに傾倒している。

大岩あき子が夫の純一とフリークライミングを始めたのは室井たちの少しあと、昭和58（83）年ごろだ。間もなくして、女性のためのクライミングスクールを始めた。これを契機に、大岩はクライミングを生業とするようになる。大岩は、岩場ではオールラウンドのクライミングを実践し、コンペにも出場するクライマーだ。それから時を経て、平成6（94）年、大岩夫妻は神奈川県川崎市にクライミングジムの先駆け「ビッグロック」を開いた。その後、平成23（２０１１）年には「ビッグロック京急鶴見店」を開いている。

北山厚美は、後述する小林由佳《ゆか》が入会するＪＭＣＣ（ジャパン・モダン・クライマーズ・クラブ）のメンバーだ。のちに夫となる北山真《まこと》らと、小川山をはじめとした日本各地の岩場を開拓してきた。「屋根の上のタジャン」など、ルート名には彼女の愛称である「タジャン」という名前がつく。リン・ヒルがクライミングに性差はないことを体現したが、それでも多くの女性は自分の体が小さいことや非力に悩む。そんなとき、「タジャン」という名前のついたルートを見つけると、「私でも登れるのではないか」と親近感をいだいて取り付く。かくいう私も、その一人だった。小川山の「タジャン」はすべて登ろうと意気込んだ時期もあった。その後、木村理恵、南裏保恵《みなみうらやすえ》、福原俊江《としえ》、杉野千晶《ちあき》、柴田風美枝《ふみえ》などのクライマーが、岩場やコンペで活躍した。

昭和と平成をブリッジするクライマー

昭和の時代と平成のフリークライミング、スポーツクライミングシーンをブリッジするのが、小林由佳だ。昭和62（87）年生まれ。父が登山好きで、幼稚園児のころからハイキングに連れていってもらっていた。小学生のとき、山小屋に泊まって安達太良山《あだたら》（福島県）に登った経験が、小林にとって「岩」との出会いだった。安達太良山は頂上が岩場になっている。登山道はついているが、小林は「こっちから登ってもいけるかな」と岩をよじ登りながら山頂に立った。その様子を見て、周囲は「岩登りが上手だね」と褒めた。小林にとっては「プチクライミング」であり、どこから登ったら上がれるかなと考えたり、そのときつかんだ岩の感触が忘れられない経験となった。

しかしその後すぐにクライミングを始めることはなかった。しばらくしてアウトドアショップに登山靴を買いに行ったとき、店舗の外壁にあるクライミングウォールを使った講習会のチラシを見た。楽しそうだと思い、父と参加。そのときの講師が、現在まで付き合いの続くJMCCの宮崎秀夫だった。宮崎ホイホイなどのクライミングギアを開発したり、ルート開拓にいそしんだり、80歳近くなるいまも登る生涯クライマーだ。

小林はクライミングウォールに登るのが楽しくなり、毎週末通った。けれど宮崎は、岩場へ行こうと小林親子を誘い続けた。宮崎の講習を受けたのは1回きりだったのに、なぜ声をかけ続けてくれるのか最初は不思議だったが、一度誘いにのってみた。

行き先は小川山。「そこでハマった」と小林は言う。小学2年生のときだ。そこからは、JMCCのメンバーたちが小川山だけでなく、あちらこちらの岩場へと小林を連れて行った。中根穂高《ほたか》、北山真とも出会う。中根はクライミングとテレマークスキーのプロショップであるカラファテの名物スタッフ、北山はクライミング雑誌の編集者だ。彼らは小林を子ども扱いしなかった。岩場では一人のクライマー。パートナーだから、それぞれが自立した上で、互いの安全は互いに守る。小林は大人のビレイもした。ビレイの方法やリードしたときのロープワーク、そのほか岩場での安全について、宮崎や中根たちは小林にとことん教えた。安全確保とリスクマネジメントはクライミングのベースにあるべきもので、長く続けるためには最も重要だからだ。

「いまになって考えると、あの環境はとても恵まれていたと思う」と小林は言う。

なぜ宮崎たちはここまで小林に入れこんだのか。ずいぶんたってから、小林は宮崎に尋ねた。答えはこうだった。「岩を登ったときの目が違った。クライミングを楽しんでいるし、好きだということが伝わってきた」

クライミングが好きである、楽しいと思えるのは、一つの才能だったのだろう。こんなに楽しそうに登る子にもっと広い世界を見せたら、もっとクライミングが好きになるに違いないと思ってくれたのではないか、と小林は考える。宮崎はいまでも小林に会うたびに「クライミング好きか?」と尋ねてくる。

大人のなかで自分はどんなレベルなのか

小林は10歳のとき、ジャパンツアーのコンペに参戦した。JMCCでは一人のクライマーとして扱ってもらっていたけれど、岩場ではほかのクライマーにも会う。彼らの多くが

「子どもなのにすごいね」とか「そのホールド、届くんだ。強いね」などと声をかける。小林は、それを不思議に思って聞いていた。岩場では子どもであることがハンデになるわけではないし、同じ条件で登っているのになぜそのように言うのだろうと思った。

「だったら、自分は大人のなかではどれくらいのレベルなのか知りたいと思い、コンペに出場しようと」

東京・池袋サンシャインシティで開催された初戦は途中棄権になった。初日の予選で、小林は東京の人ごみに疲れ果て、体調を崩してしまったのだ。茨城県東海村に暮らしていた小林にとって、池袋は大都会だった。けれど、その後の福井県や長野県などのコンペにはすべて出場。表彰台には乗れず、最高で4位。年間ランキングは7位だった。

「自分はこれぐらいなんだとわかって……、木村理恵さんや南裏保恵さんのクライミングを見て、自分に足りないものに気づきました」

翌平成11（99）年はトレーニングする年として、コンペには出場しなかった。平成12（00）年、再びコンペに出場するが2位か3位止まり。優勝はできない。「けれどこの年は、自分にとって重要だった」と小林は振り返る。なにかが足りないと考え、コンペに向けた調整方法を少しずつ変えていく。たとえば、2日前に強度の高いクライミングをするとか、反対に2日前は休養するとか。宮崎や中根の助言もあり、そのころからノートをつけるようになっていた。登ったルートを記録し、難しかった点や自分で気づいた内容、できなかったことを書き記す。

平成13（01）年は、ノートを見返して必勝パターンをつかんだ。「いまと違って、当時の私の調整は岩場で行なっていました。オンサイト能力を上げるのが一番だから、行ったことがない岩場、登ったことのないルートで、自分がオンサイトできる範囲のものをルート図から5本選び出し、トライします」と、小林は言う。

3年前に棄権した池袋サンシャインシティの会場に戻ってきたとき、木村や南裏を抑えて優勝した。小林にとって初の勝利だった。二人の強豪にはさまれて、小林が表彰台のいちばん高い位置に立つ写真が残されている。そのころから、木村も南裏も小林に優しかった。コンペについてなどなにもわからない小林は、アイソレーション室で使うマットを持っていなかった。自分のマットに一緒に座らせてくれたのは木村だったし、「そろそろアップしたほうがいいよ」と声をかけてくれたのは南裏だった。

「二人とは当時ずっと一緒にコンペに出ていて、（小林が）勝ったときも隣にいてくれ、うれしかったですね。いまでも心の底からリスペクトしています。いまだに二人には絶対に勝てません」と小林は言う。

その後、小林は木村のヨーロッパツアーに何度も連れて行ってもらった。1カ月ぐらいテント生活をしながら、各地の岩場を巡る。世界中のワールドカップ出場選手たちがそんな生活をしている時代だった。木村は世界選手権やワールドカップにも出る。小林はコンペにもついて行き、見学していた。そのとき見たベルギーのミュリエル・サルカニーという女性のクライマーに、小林は圧倒された。小林は日本では優勝が続いていたが、早く世界に出たかった。ワールドユースには出場したけれど、ワールドカップに出たかった。だから16歳になると飛びつくように世界へ出て行った。

岩への敬意とオンサイトへの思い

選手生活を続けながら、小林は筑波大学と筑波大学大学院で学び卒業した。所属は、特殊体育学研究室。いまでいうところの、アダプテッドスポーツだ。特に小林は、発達障害者のクライミングについて研究した。クライミングは相手がいなくてもできる、動機づけもしやすいし、成果も得られる。そういった点が発達障害をもった人にも向いているのではないかと考えたからだ。全国にクライミングジムがある時代になり、小林のこういった学びは、これから生かされていくのではないだろうか。幼いころから選手生活をしていた小林には、中学・高校での思い出があまりない。修学旅行も体育祭もほとんど参加できなかった。頻繁に海外にも行く。いわば学校ではちょっと特異な存在だった。

「筑波の体育学部に来て、初めて同じ温度感の仲間を得ることができました。同級生は、スポーツをやっているのが当たり前。スポーツで努力してきた人たちだったので」

小林は、いろいろなクライマーの引退、幕の引き方を見てきた。年を重ね最後の最後まで戦い抜くのも一つであるが、小林は自分で区切りをつけると決めた。

「スポーツクライミングがオリンピック種目になったいまは、オリンピックを区切りにするケースも出てくるでしょう。でも私の場合、自分で決める必要がありました」

平成28（16）年、小林は28歳。最後のワールドカップでは7位だった。平成16（04）年、16歳で初出場したワールドカップも7位。主にリード部門で戦ってきた。本人が「干支が一回りした」とSNSに書いていたが、まさに12年間である。表彰台に上ることもあれば、予選落ちのときもあった。最高順位は2位、国際大会の出場は100戦を超えた。最初も最後も7位であったことに、本人はSNSで「毎日過去の自分をライバルにしてプッシュしてきた自分にとって、結果ドローゲームとはなんだかこーゆーところもわたしらしくていいじゃないかって思うんです笑」と書き、ワールドカップから引退した。

引退後の小林は、行ったことのない国や岩場を巡った。トルコ、シチリア島、ドロミテのマルチピッチルートなど。自分をプッシュして高難度にトライすることに傾倒するとき

小学生のとき安達太良山で岩を登るおもしろさを知り、その後トップクライマーとして世界を相手に戦った小林は、いまもクライミングを心から楽しむ。オンサイトへの思いも変わらない（提供＝本人）

フリークライミングはスポーツクライミングへ。コンペ会場には多くの観客が集まった。平成29（17）年、ボルダリングジャパンカップで

ではない。小林は心機一転をしたかったのだ。自分で自分を楽しませることが上手だ。

「私、5・10や5・11台のルートを登っても楽しいんですよ。きっとおばあちゃんになっても登っていると思います」と笑う。

小林は近年、コーチもやるようになった。日本代表チームに同行し、オリンピックやワールドカップに臨んできた。

「日本の場合、トップ選手は自立しているから、彼らに対してやる内容はそう多くありません。私は、予選落ちした選手や途中で負けてしまった選手に、どうしても目が向くんですよね。コーチが5人いれば、決勝に残った一人に全員が注力するのではなく、負けていった選手たちにも寄り添いたい。それはちょっとした言葉がけだったりするのですが。彼らにも次の試合があります。私自身は表彰台も経験しましたし、予選落ちやグズグズだったときもありました。だから気持ちがわかるんです。こうしたスタンスはチーム全体をよい流れにもっていき、チームを一体化する助けになると思っています」

クライミングの普及活動を志しているのかと問うと、それは少し違うと小林は言う。クライミングは安易に取りかかれるスポーツではない。小林がＪＭＣＣでとことんリスクマネジメントを学んだのは、岩場は危険もはらむからだ。それをまず認識した上で、クライミングをしてもらいたい。5・14を登れて、それだけで「登れるクライマー」になった気分の人もいるかもしれない。けれどその前にクライミングのベースにある安全の確保、それを教えてあげる人が近くにいたらよいと考えている。

「岩をリスペクトするクライマーが増えるといいなと思います。岩は一度破壊されたら元に戻らないので、大切に登ってほしいですね。それに、その人にとって一生に一度しかない『オンサイト』を大切にしたいんです」

オンサイトとは、一度そのルートを見た状態で、完登すること。失敗し何度もトライした末に完登するのではなく、一度目に登りきることをいう。ルートに最大限の敬意をはらい、安易にトライすることはなく、オンサイトを大切にする。この精神性を小林は父やJMCCで教わった。だから、埼玉県にある二子山《ふたご》には2回しか行ったことがなく、「任侠道（5・12d）」もいつかオンサイトしたいと思っている。

「でも、いまではないかなと。充分なトレーニングができていないので。自分のタイミングと合ったら、この岩と向き合いたいと思っています」

これは登山においても同じだ。初めてのヨーロッパ・アルプス、初めてのヒマラヤ、初めての8000m峰。それぞれ当人にとって一度きり。それをどのようなタイミングでどのような経緯をもって、どんなスタイルで臨むか。それはその人の登山に対する感性の表われでもあるかもしれない。

小林は、自分自身のクライマーとしての原点である岩場がいまも大好きだ。

「自然のなかにいると穏やかな気持ちになります。岩と向き合っているときは思いっきり指を立てて岩をつかみ全力で登っているけれど、いざルートから離れると、岩場にはゆったりとした時間が流れているのを感じます」

コンペのトップシーン、世界中の岩場、ショートルートからマルチピッチまで、さらにはルート開拓。幅広くクライミングと関わってきた小林は、クライミングの楽しみ方をたくさん知っている。だから本人が話しているとおり、おばあちゃんになっても一生にこやかに登り続けているのではないかと思う。

スポーツクライミングへの変容

さてしかし、そんな小林も選手生活の後半は、人工壁で調整していた。コンペは高難度化し、ショー的要素も強くなってきた。特にオリンピックの正式種目に決定してからは、テレビ番組で放映するために1時間ないしは1時間半で終えるルートセットや試合の組み方が必要となり、必然的にルートの性質も変わってきた。より〝見せる性質〟のクライミングへと変化していく。それに対応していくには、コンペの調整は人工壁できっちりとやらなければならない。「いまはもう、岩場を登ったことがないクライマーがいても驚きませんね。そういう時代になりました」と小林は言う。平成初期、クライミングジムは日本中に50軒もなかった。平成30（18）年が頂点といわれており、このころは全国で500軒を超えた。人工壁は、北アルプスの剱岳《つるぎ》や穂高岳《ほたか》などの岩のルートを登るためのトレーニングであり、週末は岩場へ行き、平日はジムへというクライマーが主流だった。けれどいまは違う。人工壁だけを登るクライマーも珍しくない。登山には縁がないけれど、街中のジムに行き当たりクライミングを始めたという人もいる。クライミングシューズとチョークバッグがあれば始められ、仕事帰りに手軽に立ち寄れるため、クライミングは元来、日常に溶け込みやすいスポーツなのかもしれない。

コンペや人工壁でのクライミングはより先鋭化され、スポーツクライミングという言葉が定着したのも平成だ。日本はトップクライマーの層がどこの国よりも厚い。裾野も広がってきた。令和3（21）年の東京オリンピックでは野中生萌《みほう》が銀メダル、野口啓代《あきよ》が銅メダルを獲得し、アイコンもいる。リン・ヒルがクライミングに性別の壁はないと体現したのは、平成初期であったが、その流れはいまも、トップクライマーにもクライミングを趣味とする人にも、綿々と受け継がれているのではないだろうか。日々クライミングにいそしむ彼女たちの姿から、そんなことを感じる。

アルパインクライミング

自分が求める登山を率直に語り、
互いを尊重しながらクライミングを志す
山岳会をつくった女性たちがいる。
妊娠、出産などライフステージの変化に応じて
少しずつでも登り続ける女性たちがいる。
リスタートする人の存在、山を自由に楽しむ人の姿が、
山を愛するすべての人に勇気を与える。

女性による平成期のアルパインクライミング

アルパインクライミングとは、岩や氷雪壁、氷河のある環境で行なわれるものだ。アルパインスタイルは、そのような環境で酸素ボンベやポーター、固定ロープなどを使わずよりシンプルな方法で登ることをいう。

1章で紹介した山野井妙子、谷口けい、遠藤由加は、アルパインクライミングに傾倒した。ほかにも、日本にはアルパインクライミングを志向する女性たちがいるが、そのすべてに言及することはできない。この項では、平成期に日本人女性がどんなアルパインクライミングを実践してきたかを記し、また話を少し広げ、海外の高峰登山などでの活動内容を紹介したい。

平成元（1989）年は、1章で記した遠藤由加がガッシャブルムI峰（8068m、パキスタン）北面をアルパインスタイルで登頂した年であり、立川女子高校山岳部がネパールのチュルー山群にある5800m峰に登頂した。翌平成2（90）年は、女子登攀クラブ隊の安原《やすはら》（現東条）真百合《まゆり》と木村（現吉田）文江《ふみえ》がダウラギリI峰（8167m、ネパール）に登頂した。女子登攀クラブは、「女性だけで海外遠征を」を合言葉に田部井淳子らが昭和44（69）年につくった社会人山岳会だ。当時、安原らは頻繁にヒマラヤに通っていた。また、山岳ガイドだった笠松美和子が、デナリ（6193m、アラスカ）のウエストバットレスワンデイアッセント（ベースキャンプから1日で登頂する）に成功したのもこの年である。笠松は平成5（93）年に中央アルプス・宝剣岳《ほうけん》で遭難死した。享年40。昭和の時代には、山野井（当時長尾）妙子とヨーロッパ・アルプスの壁をいくつも登攀しており、存命であればアルパインクライマーとして長く活躍したのではないかと想像する。

小柳美砂子のようにビッグウォールの登攀に傾倒したクライマーもいた。小柳は隔絶された土地を特に好み、平成9（97）年にはカナダ・バフィン島にあるマウント・ブレダリックに新ルートを開拓した。

平成11（99）年には、平山越子《えつこ》がアイガー（3970m、スイス）北壁の登攀に成功した。これは、昭和44（69）年に今井通子《みちこ》が日本人女性として初登攀して以来の第2登だった。「大学山岳部」の項に登場した増本（旧姓小山）さやかは、令和元（2019）年にヨセミテ・エルキャピタンのフリーライダーを、4日間でワンプッシュオールフリーの完登をした。日本人女性初の快挙であるが、増本は同時に、アルパインクライミングにも傾倒していた。夫の増本亮《りょう》とカナダのバカブーやパタゴニアなどでアルパインクライミングを展開している。二人ともスケールの大きな壁、山が好きだという。

女性の活躍は多岐にわたり、山野井や遠藤らがアルパインスタイルを追い求めた一方で、平成に入ってからはヒマラヤ登山の公募隊やガイド登山が広まり、これに参加する女性たちもいた。平成8（96）年にエベレスト（8848m、ネパール）に登頂した難波康子《なんばやすこ》はその皮切りだ。難波の登頂は、昭和50（75）年の田部井淳子に続いて、日本人女性としては第2登。田部井の登頂から約20年、エベレストに登頂する日本人女性はいなかったのだ。

しかしその後は、公募隊やガイド登山による登頂が増え、現在10人の日本人女性が登頂。そのほとんどは酸素ボンベを使用している。渡邉玉枝《わたなべたまえ》は、シルバータートル隊でヒマラヤ登山を経験、平成14（02）年には、エベレストに登頂し、当時の女性最高年齢（63歳）の記録をつくった。ことエベレストではガイド登山が主流に、ネパールのドル箱の一つとなった。結果、商業ベースの山となり、最高齢、最多登頂回数などのタイトルもうたわれるようになった。

ヒマラヤなど海外に限らず、国内の登山でもガイドを利用する人が増えた。そのなかには、アルパインクライミングのルートも目立つ。いわゆる歩く山登りから始めて徐々にステップアップし、やがてアルパインクライミングのルートにもトライする人。以前から山に登っていたが、ロープを使うような登山は、自分たちだけで行くには力量が足りないと判断してガイドに依頼する人など、さまざまだ。

女性だけの山岳会をつくりたかった～銀嶺会

平成30（18）年に創立された、女性だけの山岳会が「銀嶺会《ぎんれい》」だ。私は以前、冬季の甲《か》斐駒《いこま》ヶ岳黒戸《くろと》尾根で彼女たちと会ったことがあり、朗らかに笑っている表情がとても印象的だった。昭和の時代から女性だけの山岳会はいくつかある。けれど、平成期に入ってから女性だけの山岳会ができたという話は聞いたことがなかったし、以前からある山岳会も下火になったり、会を超えて性別にかかわらず広くいろいろな人と登るようになる会も多く、「女性だけの山岳会」はその役目を終えつつあるという見方もあった。そのようななか、平成終わりにして女性だけの山岳会が創立されたのは興味深い。

銀嶺会の活動は幅広い。ホームページには「アルパインクライミング、沢登り、フリークライミング、アイス・ミックスクライミング、ドライツーリング（筆者注：岩壁帯や人工壁でアックスとアイゼンを使って登る）を中心に活動」とうたっている。代表は宮田実《み》穂子《ほこ》。宮田が山仲間の笹川淳子《ささがわじゅんこ》と立ち上げた会だ。

宮田は以前、ほかの山岳会に所属していた。アルパインルートを一緒に登ってくれる会員は一人の男性しかおらず、自然とその会員と毎週のように山に行くようになった。けれど、妻が週末のたびに異性と二人で山に行くのを夫は必ずしも快く思っていなかったようだ。夫の気持ちに気づいたときに、宮田はこのまま山を続けることはできないと思った。

同じころ、笹川と知り合う。笹川も別の山岳会に所属していたが窮屈さを感じており、女性同士で登ったほうが気が楽だ、女性だけの山岳会をつくりたいと思っていた。意気投合した二人が山に行くようになると、宮田の夫も気持ちよく送り出してくれた。

その様子を見て宮田も心を決め、女性だけの山岳会をつくることにした。山岳会の名前は、新田次郎の小説『銀嶺の人』からもらった。『銀嶺の人』に描かれた駒井淑子《としこ》と若林美佐子のように、のびのびと山に登りたいと思ったのだ。よく知られていることだが、駒井は今井通子、若宮は若山美子《よしこ》という実在のクライマーがモデルにされている。

現在、銀嶺会の会員は5人。クラシックなアルパインルートや高所登山を好む宮田、アイスクライミング、ドライツーリングのコンペに参戦し続ける笹川、ボルダリングやクラッククライミングが好きな荻野恭子《やすこ》、そして谷地《やち》真由美、松尾亜希だ。

それぞれのきっかけと登山への道

宮田が登山を始めるきっかけとなったのは母親だった。いまから約20年前。母親が50代半ば、宮田はまだ20代のころのことだ。母は高山植物が好きで、あちこちの山を歩いていた。けれど一人で送り出すのを心配に思い、母の登山に付き合い、宮田の山登りが始まった。ある夏、北アルプスの劔岳《つるぎ》に登ったとき、岩を触りながら登っていくのが楽しくてたまらず、もっとこういう登山をしたいと思うようになった。

宮田は山岳ガイドが開催するスクールに通ったのち、前述の社会人山岳会に入った。先輩に2年間同行し、手取り足取りアルパインクライミングを教えてもらった。宮田はすっかりはまり、毎週欠かさずクライミングに出かけるようになった。40代半ばのことだ。

母の影響か、宮田は高山植物や希少な花を見るのも大好きだ。登攀中でも花が咲いていると、登るのをやめて写真を撮る。スミレが好きで、多くの種類が分布する高尾《たかお》山には、季節になると必ず出かけていく。

お盆と年末年始、ゴールデンウィークといった大型連休は、夫と過ごすと決めている。その時期に長い山行に出かける友人を時々うらやましく思うけれど、夫との時間も大切だ。旅が好きな夫に付き合って日本各地へ出かけ、その最中に、「1日だけちょうだい」と言って、旅先の山に登るパターンが多い。

有給休暇をためて海外登山にも行く。令和元（19）年夏には、ペルー・アンデスにあるアルパマヨ（5947m）南西壁のフレンチダイレクトを完登した。氷雪壁に顕著なヒマラヤ襞が刻まれ、「世界で最も美しい山」と評される山だ。

登山に要したのは17日間。前々から職場に入念に根回しをした。日頃から自分の登山についで話して興味をもってもらい、早々に休みを言いだし、理解してもらった。帰国後、上司は「どんな山に登ってきたの?」と尋ねてくれ、写真を見せると驚き、「報告会をしてほしい」と頼まれた。自分のクライミングの話を職場のみんなが楽しそうに聞いてくれたのが、とてもうれしかった。

笹川が山に入ったきっかけはトレイルランニングだった。40歳のころのことだ。ランニングからトレイルランニングへと興味が移り、やがて北アルプスにも通うようになった。穂高で目に飛び込んできたのが前穂高岳《まえほたかだけ》北尾根。書物のなかで見た穂高岳の写真の記憶がよみがえった。同じころに雪山にも登りたくなり、トレランの仲間たちと12月に谷川岳《たにがわだけ》のラッセルから始めた。そのシーズンの締めくくりとしてゴールデンウィークの涸沢《からさわ》を訪れたとき、再び目に飛び込んできたのが雪をまとった北尾根だった。

「その姿を見て、絶対に雪をまとったあの尾根に登ろう、ガイド登山ではなく自分の力で登ろうと決めたんです」と笹川は言う。仲間の雪山経験者に教わりながら、途中つまずきもあり時間はかかったけれど、翌々年には前穂高岳に北尾根から登頂する。

笹川は、アイスクライミングが上手になりたくてコンペに出たものの、すぐに競技そのものが楽しくなった。世界選手権にも出場し、年間を通してコンペのためのトレーニングをしている。最近はドライツーリングのできるジムもあり、活用している。

競技人口が少なく、笹川が最年長であるため、教える機会も多い。都内のクライミングジムやアイスクライミングの現場での講習会には、女性の受講生が目立つ。

「女性は男性に比べ、圧倒的に筋力が弱いけれど、筋トレだけでは解決できない。筋力が弱いなりの女性特有の体の動かし方を身につければ、男性と同じルートを登れるようになる」と言う。「もちろん、鍛えたほうがいいのですが」と付け加えながら。男性のインストラクターは、筋トレを勧めることが多いが、女性が男性と同じようにトレーニングしていては体を壊すこともある。笹川の実体験に基づいた講習は、女性にとって有益だ。

荻野の初めての山は、タイでのハイキングだった。バックパッカーだった荻野はタイを旅行中にハイキングのツアーを見つけたのだ。出発前から「ハイキングがしたい!」と思っていたわけではない。けれどそれが楽しくて、帰国後も山を歩いた。ボルダリングジムを見つけて、会社帰りに通い始めると、ボルダリングが楽しくなって、その後、クライミングに熱中する。笹川と知り合ったのは、ロープクライミングのリード講習の会場だった。これがきっかけとなり、ジムだけでなく岩場にも通うようになった。いまでは、平日にはクライミングジム、週末にはボルダリングかクラックのルートを求めて岩場へというパターンが多い。ワールドカップ出場者の笹川をして「荻野さんはフィジカルが強い」と言わしめるのは、なにがあっても荻野がクライミングを続けてきたからだ。

荻野は、「女性同士で登るのは女子会みたいで楽しい」と言う。それは、男性に交じって性別を意識せずに登る感覚とは異なるものだ。気兼ねなく女性同士で登るのが、自然体でいられて楽しい。こうした女性登山者が増えたのも、平成期の特徴といえるだろう。

率直に体調の話ができるのも同性同士ゆえだ。40～50代の更年期にあたる彼女たちには、体調の変化がある。

「女性同士だと、そんな悩みも話しながら歩けるのがいいんですよね。生理になっちゃって、今日はスピード出せないかもしれないけれど許してねって言いやすいですし」と宮田。

笹川は、「アルパインのルートに出る初日に生理になると憂鬱じゃないですか。計画を取りやめたいときもあるけれど、男性には言いだしにくい。その日を楽しみに準備してきただろうし」と言う。体調は登山の礎となるもので、重要だ。

自分たちの足場である山岳会

今回話を聞いたのは、5人いる会員のうち前述の3人だ。彼女たちの活動は三者三様。

5人にはそれぞれに志向があり、必ずしも一緒に行動するわけではない。けれど、銀嶺会という場に集っている。彼女たちにとって銀嶺会とはどんな場なのか、なぜ銀嶺会が必要だったのか、さらに話を聞いてみた。

たとえば3人に次の山行予定を尋ねたときの会話はこんなふうだ。

「アルパインやろうよ」

「昔は憧れたけれど、いまはショートルートが楽しくて」

「それよりも、みんなでボルダリングに行こうよ」

「来週は、赤蜘蛛《あかぐも》（甲斐駒ヶ岳赤石沢Aフランケにあるアルパインクライミングのルート）に一緒に行く予定でしょう？（笑）」

それぞれがやりたい登山をしながら、仲間を自分の世界に誘う。自分の「好き」を知ってもらいたい、分かち合いたいという気持ちが伝わってくる。けれど一緒に登る機会は、そう多くはない。自分の「好き」も相手の「好き」も大切にしているからだ。

笹川は、「銀嶺会のおかげで競技もやりやすい。以前の山岳会では出る杭は打たれることもあったし、こうはいかなかったと思う」と言う。銀嶺会には理解者がいる、自分を応援してくれる仲間がいて、快く送り出してくれる。

笹川に、銀嶺会のみんなでやりたいことを尋ねると、「アイスクライミングのワールドカップを見に来てほしい」と答えた。アイスクライミングのワールドカップは超マイナーな世界だ。映像配信があるのは決勝以上である。競技施設がないので日本では開催されず、一般の人が目にする機会は少ない。笹川が決勝に進出し動画が配信されたときは、職場の人に見てもらい、自分が打ち込むスポーツを知ってもらった。コンペのために、まとまった休みを取ることもあるからだ。一方で銀嶺会の仲間には、次のような思いを口にする。

「映像では味わえない現場の迫力があるんです。競技に流れたのは銀嶺会で私だけ。でも、こんな世界もあるよ。私は私でがんばっているよ！という姿をじかに見てもらいたい」

銀嶺会は、単に一緒に登る仲間としてだけではなく、日本勤労者山岳連盟に所属する「山岳会」の形態をとっているのが特徴だ。互いの山行を見守り、なにかあればいつでも駆けつける。責任をもってサポートする気持ちがある。メンバーに計画書を渡したり、「今週はこのルートに行ってくるね」と言えたりする相手がいるだけで心強い。「帰るところ」「よりどころ」があると心は平穏で、人間は強くなれる。

人生を通して山を続けるために

平成期にできた女性の集まりがもう一つある。「メラメラガールズ」だ。平成30（18）年発足。クライミングや山スキー、ロープワークのトレーニングを一緒にしている。情報交換も盛んだ。妊婦や子育て中のメンバーも多い。

これまで山岳雑誌などのメディアが妊娠中や出産後の登山、クライミングを取り上げた機会は少なかった。私が『岳人』(東京新聞出版局：当時）に「心とカラダと山登り」というタイトルで、女性が妊娠・出産などのライフステージのなかでどのように登山を続けていくことができるかについて特集をつくったのは平成19（07）年。当時はこれらに関する専門的文献や研究者はおらず、医師に取材協力を求めても、協力してくれる人はわずかだった。国際山岳連盟が出した「高所へ行く女性のための医学的勧告」で、低酸素が妊婦に与える影響について言及するぐらいだった。

メラメラガールズの稲田千秋《いなだちあき》はアルパインクライミングに傾倒していたが、妊娠を機に、妊娠・出産後の登山について医学的な見地から言及している海外文献を探し、メンバーと情報を共有し理解を深めた。また、メラメラガールズの間では、子連れでクライミングへ出かけ、岩場では交代で子守をしながら、父や母たちが楽しむ機会も多い。

前述の『岳人』の特集に登場してもらった人物のなかに、平山越子や山岸（旧姓畠山）亮《りょう》子《こ》がいる（山岸については夫の尚将《なおまさ》が語っている）。妊娠前はアルパインクライミングにも熱心だったが、出産を機にその機会は減ったという。けれど、その時々のライフステー

上／右から銀嶺会の宮田、笹川と銀嶺会ユースの仲間で。奥秩父乾徳山旗立岩中央稜と頂上岩壁第一岩稜の継続登攀を終えて　中央左／甲斐駒ヶ岳黄蓮谷右俣。銀嶺会初の会山行にもなったこのルートでは条件が整わないことが続いた。写真は5度目に完登できたときのもの。写真下が宮田（2点提供＝銀嶺会）　中央右・下／メラメラガールズで活動する稲田千秋ら。小さな子どものいる仲間も多く、こうしてにぎやかに集まることも（2点提供＝稲田千秋）

ジの変化に応じたスタイルでクライミングを継続している。

昭和の時代にも妊娠・出産後も登り続けるクライマーはいた。けれど、妊娠・出産後は体調だけでなく、周囲の理解を得るのが難しい時代であった。母という役割を優先することを周囲から求められる風潮が強かったからだ。そういった周囲からの抑圧が少しずつ緩和され、登る母がメディアに取り上げられる機会が増えたのは、平成になってからだろう。

なにごとも積み重ねが肝心であるが、ことにアルパインクライミングにはそれが求められる。登山を中断していて、ふと突然思い立って登れる山ばかりではない。アルパインクライミングは、岩、雪、氷、天気、ロープワークなどをはじめとする道具の扱いなど習得すべき要素が多岐にわたっており、どれも簡単ではない。「漆塗りが漆を重ねるように一生追い求めて、やっとアルパインクライマーになれる」と語ったのは、43歳でピオレドールを受賞し、50代半ばになったいまも登り続けるアルパインクライマーの馬目弘仁《まのめひろよし》だ。

中断すると振り出しに戻る。それは妊娠・出産だけではない。仕事や家庭の事情、親の介護もある。けれど、振り出しからリスタートさせる姿は尊い。少しずつでも登り続けること、リスタートする人の存在は、山を続けていく大きな励みになる。日本各地にはアルパインクライミングが好きなクライマーがいて、日々登っているはずだ。そういったクライマーたちの情熱に勇気をもらいながら、彼女たちはまた登っていく。

おわりに

「いまの時代に『女性』を切り取る意味はあるのだろうか」と自問自答を繰り返すなか、先日ネパールのカトマンズでプンジョという女性に会った。エベレスト登頂のタイムレコードをもち、いまも、故郷のマナスル山麓で女性を対象にした登山学校を運営する登山家だ。ネパールではいまも、一般的に女性には職業の選択肢が少ない。ポーターの仕事はあっても、登山家になったプンジョの存在はまれだ。自立心をもち、自分の可能性を信じてほしいというのが彼女の願いだ。プンジョの話は遠い国のものではない。同じようなことは私たちの周りにもある。

アメリカ在住の国際山岳ガイド木崎乃理恵は、「コロナ禍で最初に職を失ったのは女性だった」と言った。登山を続け自分の思いを実現しようとする人たち、登山に喜びを見いだした人たちのことを、自信をもって紹介しよう。取材先のみなと出会って、そう思えた。「山小屋の女性たち」の項では一人をインタビューすると、「彼女の話も聞いて」と提案され、尾根の先や谷の向こうの山小屋の仲間に呼びかけてくれた。あまたの女性たちが登山を愛している。山を仕事の場としている。私が出会ったことのない人たちも大勢いる。彼女たちのことにも、思いを至らせながら書いた。

ここで、昭和8（1933）年、登山家の黒田（村井）米子《よねこ》が著わした『雪女性とスキー』（南光社）という本を紹介したい。「初冬の富士」という項に、こんな一節がある。

――何となく慌ただしくて、まとまりの無さに焦り心のみ覚える家庭婦人の生活から、思ひ切つてかう抜け出してきてみると、一年分も積みあげたほどの、生存感の強さに目覺むる心地がする。そして、自分がぴたりと落ち着けるのが嬉しい。――

足早に下山しながら、「私は『けふの量』の深さ、豊かさを、感懐こめて想ふのだ」とも書いてある。「一年分も積みあげた」や「けふの量」のくだりに共感し、遥か昔の先輩も同じような心持ちだったのだと知った。

黒田米子には遠く及ばないが、本書を開いて、山に登る者たちの心のうちや行動の数々を、身近に感じてもらえたらうれしい。私はみなから、勇気をもらった。

本書の発行は、私が覚悟が持てず筆も進まず遅れに遅れました。その間ずっと支えてくださった編集の大武美緒子さん、連載から担当してくださった山と溪谷社の神谷浩之さん、装幀の朝倉久美子さん、表紙絵を描いてくださった柿崎サラさん、校正の與那嶺桂子さん、心からありがとうございました。本書に登場くださったみなさん、書くことはできなかったけれど山が縁で知り合ったみなさん、ありがとうございました。これからも、よい山を。

2023年2月　柏　澄子

平成元年～令和３年 女性に関する登山界の主な出来事

平成元（１９８９）	和泉雅子、北極点到達。日本人女性初 遠藤由加、ガッシャブルムⅠ峰（８０６８ｍ、パキスタン）北面をアルパインスタイルで無酸素登頂（昭和63年のナンガパルバット〈８１２６ｍ、パキスタン〉日本人女性初８０００ｍ無酸素登頂以来） 立川女子高校山岳部チュルー山群５８００ｍ峰（ネパール）登頂 土井たか子党首の社会党が第一党に
平成2（１９９０）	遠藤由加、ガッシャブルムⅡ峰（８０３５ｍ、パキスタン）無酸素登頂 安原真百合、木村文江（女子登攀クラブ）、ダウラギリⅠ峰（８１６７ｍ、ネパール）登頂 笠松美和子、デナリ（６１９０ｍ、アラスカ）ウエストバットレスからワンデイアッセント
平成3（１９９１）	緒方貞子、第8代国連難民高等弁務官就任（日本人初）。～平成12年
平成4（１９９２）	田部井淳子、女性初の世界七大陸最高峰登頂 遠藤由加、春にヨセミテ・エルキャピタン「ノーズ」完登。秋にエルキャピタン「ゾディアック」（Ａ３）と「ラーキングフィアー（Ａ３）をソロで完登。「ゼンヤッタ・メンダータ」（Ａ５）完登 『日本女性登山史』（坂倉登喜子・梅野淑子、大月書店）刊行 育児・介護休業法施行
平成5（１９９３）	笠松美和子、中央アルプス・宝剣岳で遭難死。享年40
平成6（１９９４）	山野井妙子、遠藤由加がチョ・オユー（８２０１ｍ、中国チベット自治区）南西壁スイス・ポーランドルート第2登（無酸素）
平成8（１９９６）	難波康子、エベレスト（８８４８ｍ、ネパール）日本人女性第2登。下山中に遭難死。享年47
平成9（１９９７）	『ピッケルと口紅』（北村節子、東京新聞出版局）刊行
平成11（１９９９）	平山越子、アイガー（３９７０ｍ、スイス）北壁日本人女性第2登 男女雇用機会均等法 男女共同参画社会基本法施行
平成12（２０００）	登山家で『花の百名山』（文藝春秋）などの随筆で知られる田中澄江が逝去。享年91
平成14（２００２）	日・中国交正常化30周年・国際山岳年記念「日・中チョー・オユー女子友好合同登山隊２００２」（日本山岳会×中国チベット登山協会）、チョ・オユー（８２０１ｍ、中国チベット自治区）登頂 山野井妙子、ギャチュンカン（７９５２ｍ、中国チベット自治区）北壁登攀。登山中の凍傷で手足全部の指を失うが、生還を果たす。植村直己冒険賞受賞

平成16（2004）	渡邉玉枝、8000m峰5座目となるローツェ（8516m、ネパール）に登頂、女性世界最高齢（65歳）の8000m峰登頂が理由となり植村直己冒険賞受賞
平成17（2005）	谷口けい、シブリン（6543m、インド）北壁新ルート初登攀
平成18（2006）	小松由佳、K2（8611m、パキスタン）南南東リブより登頂。日本人女性初。植村直己冒険賞受賞
平成20（2008）	第1回涸沢フェスティバル開催 山ガールブーム始まる 谷口けい、カメット（7756m、インド）南東壁初登攀。これにより日本スポーツ賞（読売新聞社）受賞、翌年に女性初のピオレドール賞受賞 野口啓代、IFSCワールドカップにて日本人初のボルダリング1位
平成21（2009）	『ランドネ』（枻出版社：当時）創刊 『悩んだときは山に行け！』（鈴木みき、平凡社）、『山登りはじめました』（鈴木ともこ、KADOKAWA）刊行
平成22（2010）	『Hütte』（山と溪谷社）創刊 E・パサバン、女性初の8000m峰14座登頂 『田部井淳子のはじめる！山ガール』（NHK出版）刊行 『世界の果てまでイッテQ！』（日本テレビ）にてイモトアヤコの「イッテQ登山部」始動 「山ガール」がユーキャン新語・流行語大賞にノミネート
平成23（2011）	G・カルテンブルンナー、K2（8661m、中国新疆ウイグル自治区）北稜登頂。女性初の8000m峰14座無酸素登頂
平成24（2012）	渡邉玉枝、エベレスト（8848m、中国チベット自治区）北稜登頂、女性最高齢（73歳）。自身の記録である2002年の登頂（63歳、南東稜）を更新
平成26（2014）	日本山岳会学生部ムスタン女子登山隊、マンセイル（6242m、ネパール）初登頂 『山女日記』（湊かなえ、幻冬舎）、『八月の六日間』（北村薫、KADOKAWA／角川書店）刊行
平成27（2015）	谷口けい、北海道の黒岳にて遭難死。享年43
平成28（2016）	田部井淳子、逝去。享年77 女性活躍推進法施行
令和元（2019）	増本さやか、ヨセミテ・エルキャピタン「フリーライダー」（5・12d／13a）ワンプッシュオールフリーの完登。日本人女性初
令和3（2021）	東京オリンピック・スポーツクライミング女子複合、野中生萌が銀メダル、野口啓代が銅メダル

柏 澄子（かしわ・すみこ）

1967年、千葉県生まれ。フリーライター。著書に『山の突然死』『山歩きはなぜ体にいいのか』『山登りの始め方』（以上、山と溪谷社）など、共著に『はじめよう！山歩きレッスンブック』（JTBパブリッシング）などがある。（公社）日本山岳ガイド協会認定登山ガイドII。（公社）日本山岳会常務理事。日本登山医学会会員。山の日アンバサダー。

主な参考文献

『ヒマラヤ名峰事典』（薬師義美、雁部貞夫編／藤田弘基写真／平凡社）
『太陽のかけら ピオレドール・クライマー 谷口けいの青春の輝き』（大石明弘／山と溪谷社）
『私とクライミング 野口啓代自伝』（野口啓代／ソル・メディア）
『青春のヒマラヤ―ナンガパルバットへの道』（遠藤由加／東京新聞出版局）
『潘多伝』（馬聯芳／範瑜、須崎孝子訳）
ほか、『山と溪谷』『ROCK＆SNOW』『岩と雪』『山岳年鑑』（以上、山と溪谷社）、『岳人』（東京新聞出版局／ネイチュアエンタープライズ）、『CLIMBING JOURNAL』（白山書房）、『登山月報』（日本山岳・スポーツクライミング協会）、『山』（日本山岳会）などを参考にしました。

彼女《かのじょ》たちの山《やま》

平成《へいせい》の時代《じだい》、女性《じょせい》はどう山《やま》を登《のぼ》ったか

2023年3月30日　初版第1刷発行

著者
柏 澄子

発行人
川崎深雪

発行所
株式会社山と溪谷社
〒101-0051
東京都千代田区神田神保町
1丁目105番地
https://www.yamakei.co.jp/

印刷・製本
株式会社シナノ

▶乱丁・落丁、及び内容に関するお問合せ先
山と溪谷社自動応答サービス
TEL.03-6744-1900
受付時間／11:00〜16:00（土日、祝日を除く）
メールもご利用ください。
［乱丁・落丁］service@yamakei.co.jp
［内容］info@yamakei.co.jp

▶書店・取次様からのご注文先
山と溪谷社受注センター
TEL.048-458-3455　FAX.048-421-0513

▶書店・取次様からのご注文以外のお問合せ先
eigyo@yamakei.co.jp

＊定価はカバーに表示してあります。
＊乱丁・落丁などの不良品は、送料小社負担でお取り替えいたします。

ISBN978-4-635-17205-9